Bibliografische Information der Deutschen Nationalbibliothek:
Die Deutsche Nationalbibliothek verzeichnet diese Publikation
in der Deutschen Nationalbibliografie, detaillierte bibliografische
Daten sind im Internet über dnb.dnb.de abrufbar.

TWENTYSIX – Der Self-Publishing-Verlag
Eine Kooperation zwischen der Verlagsgruppe Random House
und BoD – Books on Demand

© 2021 Johannes Bartels

Herstellung und Verlag:
BoD – Books on Demand, Norderstedt

ISBN: 9783740782115

Für Doris, meine liebe Frau

und Doris, Gastgeberin der Null-Euro-Tour 2019

Johannes Bartels

Die Null-Euro-Tour
Kein Geld, keine Sicherheit,
aber jede Menge Gottvertrauen

Erfahrungen – Reflexionen - Praxistipps

Inhalt

Kopieren erlaubt! Vorwort von Arno Backhaus   10

Null-Euro-Tour – ein Konzept mit Potenzial   11

Auf der Null-Euro-Tour erlebt   12
– Erfahrungen aus den Jahren 2015 - 2020
   „Das gibt's doch nicht: Ein Mann, der bügelt!"   12
   - Vom Erzgebirge ins Vogtland 2015
   „Seid ihr Islamisten?"   37
   - Oberlausitz 2016
   Auf Luthers Spuren   52
   - Lutherweg im Sächsischen Burgenland 2017
   Wenn der Hotelier zum DJ wird   65
   - Sächsische Schweiz 2018
   „Könnt ihr nicht einfach noch eine Woche bleiben?"   77
   - Zittauer Gebirge 2019
   ‚Null-Euro-Tour light'   88
   - Von Meißen nach Dresden 2020

Sieben Boni der Null-Euro-Tour   102
   Gottvertrauen   102
   Beziehung   104
   Abenteuer   106
   Niedrigschwelligkeit   108
   Lernen in der Begegnung   110
   Nachhaltigkeit   113
   Kommunikation des Evangeliums   116

Fragen und Antworten zur Null-Euro-Tour   119
– die wichtigsten Praxistipps

Anhang   122
   Die Anfänge der Null-Euro-Tour   122
   Akteure der Null-Euro-Tour   126
   Literatur und Bildnachweis   127

Kopieren erlaubt!

Vorwort von Arno Backhaus

Als ich 1985 mit 12 Kindern zwischen 12 und 14 Jahren in Nordhessen drei Tage querfeldein gewandert bin, ohne Geld, Karte, Kompass, Zelt und ohne Ziel, konnte ich nicht ahnen, dass das Experiment 30 Jahre später verfeinert und „professioneller" durchgeführt würde. Ein bunt gewürfelter Haufen von 20 Jugendlichen und jungen Erwachsenen aus Sachsen macht sich sechs Tage auf den Weg, versucht sich, ohne einen Euro in der Tasche, schlafensmäßig, arbeits- und verpflegungsmäßig durchzuschlagen, frei nach dem biblischen Motto: „Schafft euch kein Reisegeld, weder Goldstücke noch Silber- oder Kupfergeld! … Denn wer arbeitet, hat ein Anrecht auf Unterhalt." (Matthäus 10,9-10).

Ein absolut spannender und aufregender Reisebericht, ein Handbuch für verrückte Jugendliche und junge Erwachsene zum Nachahmen oder einfach nur zum Staunen. Wer den Reisebericht „Mit 50 Euro um die Welt" von Christoph Schacht verschlungen hat, findet hier, auf kleiner deutscher „Sparflamme", ähnliche außergewöhnliche Berichte, wie Gott schützt, trägt, durchhilft und motiviert. Denn die Null-Euro-Tour lebt vom Gottvertrauen. Was 2015 als Experiment begonnen hat, ist inzwischen zur Institution geworden. Seit 2015 findet die Null-Euro-Tour jedes Jahr statt. Auch an anderen Orten in Deutschland.

Arno Backhaus

Null-Euro-Tour – ein Konzept mit Potenzial

Wir leben im Zeitalter des „Übertourismus": Flugreisen, Kreuzfahrten, All-inclusive-Angebote, etc. werden immer normaler. Was für viele vielleicht aufregend klingt, ist in der Praxis aber oft wenig spannend: Alles ist durchgeplant, es gibt kaum Spielraum für spontane Begegnungen oder unvorhergesehene Herausforderungen. Abgesehen davon können sich viele solche Reisen gar nicht leisten. Und von Nachhaltigkeit wollen wir gar nicht erst reden…

Doch es gibt auch Gegenmodelle. Eines davon ist die „Null-Euro-Tour". Sie kommt ohne Geld und ohne Sicherheiten aus – und wird für die Teilnehmenden in den meisten Fällen doch zur unbezahlbaren Erfahrung.

Bisher ist die Null-Euro-Tour höchstens ein Geheimtipp – zu Unrecht, wie ich finde. Das Konzept hat so viel Potenzial, dass es etwas mehr Aufmerksamkeit verdient. Dafür habe ich dieses Buch geschrieben. Der Corona-Lockdown 2020/21 gab mir dazu Gelegenheit.

Ich möchte hier das Konzept der Null-Euro-Tour vorstellen. Dazu dienen zunächst eigene Erfahrungsberichte aus den Jahren 2015-2020. Daran anschließend reflektiere ich das (religions-)pädagogische Potenzial der Null-Euro. Einige Hinweise für die Praxis sowie ein Schlusskapitel von der Erfinderin der „Null-Euro-Tour" runden die Sache ab. Vielen Dank an dieser Stelle an Katrin Lindner und an den SCM-Verlag für die Abdruckgenehmigung.

Vielen Dank auch an alle Mitarbeiterinnern und Mitarbeiter der Null-Euro-Touren 2015-2020 und an Magdalena Jahr für die besonders schönen Fotos von der Tour 2018.

Pirna, 23.März 2021

Auf der Null-Euro-Tour erlebt – Erfahrungen aus den Jahren 2015 – 2020

„Das gibt's doch nicht: Ein Mann, der bügelt!" Vom Erzgebirge ins Vogtland (2015)

Montag, 13.7.2015

Am Bahnhof des Erzgebirgsdorfs Hartenstein treffen nach und nach schwer bepackte Jugendliche aus verschiedenen Teilen Sachsens ein. Am Ende sind es 20 Personen. Bis auf drei sind alle anderen zwischen 14 und 20 Jahre alt.

Jeder kennt höchstens zwei oder drei andere aus der Gruppe, alle anderen begegnen einander zum ersten Mal. Zum Kennenlernen gibt es daher erst mal eine Übung: den „Fröbelkran", auch „Tower of Power" genannt, ein Teamspiel mit dem Ziel, gemeinsam einen

Turm aus sechs Holzklötzen zu bauen. Dafür bekommt jeder einen Strick in die Hand. Alle Stricke führen in der Mitte zu einer Holzplatte zusammen, daran hängt ein Drahtbügel, der Kran. Damit werden die Holzklötze aufgerichtet und nach und nach aufeinandergestellt. Eine knifflige Gemeinschaftsaufgabe: Es ziehen ja alle in verschiedene Richtungen – und trotzdem müssen sie lernen, sozusagen an einem Strang zu ziehen. Es dauert fast eine halbe Stunde! Doch am Ende ist der Turm komplett. Die gemeinsame Herausforderung ist gemeistert.

Doch das ist erst der Anfang. Denn als nächstes werden die Portemonnaies und Handys der angereisten Jugendlichen eingesammelt und in die Obhut eines Teilnehmervaters gegeben, der sie für uns aufbewahren wird, und zwar für die nächsten sechs Tage – bis zum Ende der Null-Euro-Tour. Das nämlich ist die eigentliche Herausforderung: die Null-Euro-Tour. Eine Tour ohne Geld und ohne organisierte Quartiere. Eine Art Work and Travel im Kleinen und im Großen. Im Kleinen: Es geht um den überschaubaren Zeitraum von sechs Tagen. Im Großen: Wir sind eine 20köpfige Gruppe! 20 Personen sind im Begriff, gemeinsam auf Wanderschaft zu gehen, ohne zu wissen, wo sie am Abend schlafen werden. Und essen. Und sich waschen.

Das ist ein echtes Wagnis. Und mir, dem Leiter dieses Unternehmens, ist schon etwas mulmig, zugegeben. Doch wir haben uns im Vorfeld für diese „Hardchore-Version" der Null-Euro-Tour entschieden. Also ohne organisierte Quartiere. Ohne Sicherheitsnetz.

Wir haben auch über die Variante mit organisierten Unterkünften gesprochen. Null-Euro-Tour light sozusagen. Da, wo die Null-Euro-Tour sonst praktiziert wird[1], ist diese Variante üblich. Doch unser Team will es wissen. Wenn schon, denn schon!

Aber die Fragen drängen sich natürlich auf: Werden wir tatsächlich immer einen Platz zu Schlafen finden? Und Essen und Trinken? Und ab und zu eine Waschgelegenheit, wenn's geht? Und das alles für 20 Personen, viele davon voll in den Wachstumsjahren und folglich mit gesegnetem Appetit ausgestattet?

Und ebenso wichtig: Werden wir Gelegenheit finden, uns erkenntlich zu zeigen? Werden wir arbeiten können?

Und dann ist da natürlich auch noch die Frage nach dem Wetter: Werden wir, wenn nötig, ein Dach über dem Kopf haben? Gut, wir haben zwei Tarps dabei, Zeltplanen, die man zwischen die Bäume spannen oder am Gartenzaun befestigen kann. Aber was sind zwei Tarps, wenn es einmal richtig stürmt und prasselt?

Das sind schwierige Fragen, und ich kann, je näher das Abenteuer rückt, eine gewisse Unruhe nicht leugnen.

Jetzt also ist der Zeitpunkt gekommen.

---

[1] Zu den Akteuren der Null-Euro-Tour siehe unten S.47.

Bevor es losgeht, bitten wir Gott um seinen Segen zu unserer Reise. Denn die Null-Euro-Tour ist nicht einfach ein Just-for-fun-Ding. Sie ist eine Art Umsetzung von Matthäus 10, also der Aussendung der Jünger durch Jesus. Wir wollen ernst nehmen, wenigstens für eine Woche, was Jesus seinen Jüngern aufträgt: „Schafft euch kein Reisegeld, weder Goldstücke noch Silber- oder Kupfergeld! ... Denn wer arbeitet, hat ein Anrecht auf Unterhalt." (Matthäus 10,9-10)

Die Idee dazu fand sich im Internet. Auf der Suche nach Freizeitaktionen mit evangelistischem Potenzial, also mit dem Blick über den Tellerrand, wurde ich beim Essener Weigle-Haus und der Ev. Gemeinde Schönblick (Schwäbisch Gmünd) fündig. Seit mehreren Jahren fanden dort Null-Euro-Touren statt, über die anschließend im Netz berichtet wurde. Ich war sofort begeistert. Und bald war mir klar: So was machst du auch!

Einige Zeit später posteten ein paar Jugendliche, die ich aus der Jugend der Kirchgemeinde Hartenstein kannte, ein Foto von einer Nachtwanderung. Die Jugendlichen sahen so abenteuerlustig aus, dass ich spontan dachte: Das sind die richtigen Mitarbeiter für die Tour!

Spontan schickte ich ihnen das Konzept der Null-Euro-Tour und schrieb dazu: „Für nächstes Jahr hätte ich mal eine völlig neue Idee: die ‚Null-Euro-Tour'. Ich hätte Lust, das mal auszuprobieren. Und ihr könntet dabei sein – als Mitarbeiter. Was meint ihr?"

Ich brauchte nicht lange zu betteln. Drei von den Jungs waren sofort interessiert: Elias, Stephan und Lukas. Später fand ich auch noch eine Gemeindepädagogin, die verrückt genug war, mitzukommen: Bringfriede. Damit war auch für spezifische weibliche Themen der Teilnehmerinnen eine Ansprechpartnerin im Team.

Und dann ging die Werbung raus. Der Wortlaut folgte weitgehend dem des Flyers der Null-Euro-Tour der Kirchgemeinde Schönblick. Sven Siegler hatte so wunderbare Worte gefunden – ich hätte es nicht besser ausdrücken können:

0-€-Tour - die all-exclusive Freizeit

Echte Abenteuer erleben, uns wirklich kennen lernen, an unsere Grenzen kommen, ausprobieren, ob Gott wirklich handelt, das sind die Ziele unserer 0-€-Tour.

All exclusive bedeutet hier: Keine Handys, kein Geld, keine Zelte, kein Programm, kein fester Plan.

„All you can eat" bedeutet hier: Du kannst alles essen, was du in der Natur (Ungiftiges) findest, was du geschenkt bekommst oder wir uns gemeinsam verdienen.

„Animationsprogramm" bedeutet hier: echte Leiter, spürbare Erfahrungen, improvisierte Spiele, Abenteuer ohne fake.

„Im Glauben wachsen" bedeutet hier: Gebete ums tägliche Brot, überraschende Wunder, ehrliche Gespräche, gemeinsames Leiden – gemeinsame Freude.

Und die Unterkunft? Milliarden-Sterne Luxussuites unter freiem Himmel, Gemeindehäuser, Gartenlauben, Keller, … .

Konkret: Wir laufen in Hartenstein los und laufen von dort ins Vogtland, wo wir einen Tag an der Talsperre Pöhl verbringen werden. Zurück geht es, je nachdem, wieviel Zeit noch zur Verfügung steht, entweder zu Fuß oder mit der Bahn. Wir planen keine Route und haben weder Nahrung noch Geld oder Zelte dabei. Wir bieten Menschen unsere Hilfe an und bitten dafür um Verpflegung, Unterkunft oder Spenden. Wir erwarten ein echtes Abenteuer und gleichzeitig viel Ruhe und tolle Gemeinschaft.

Da nur 20 Plätze zu vergeben waren, verzichteten wir auf Flyer. Die Werbung beschränkte sich auf Mund-zu-Mund-Propaganda und Facebook. Die Entscheidung erwies sich als richtig, denn auch so wurden die 20 Plätze schnell voll. Drei Jugendlichen mussten wir sogar absagen, denn sich mit mehr als 20 Personen spontan bei jemandem einzuladen, das wäre wohl doch etwas zu sportlich.

Interessanter Weise waren es nicht nur Jungs, die sich für die Tour interessierten. Die ersten, die sich anmeldeten, waren Mädchen. Es waren überhaupt mehr Mädchen als Jungs. Und nur weil das Mitarbeiter-Team überwiegend männlich war, war das Geschlechterverhältnis am Ende insgesamt ausgeglichen: zehn Abenteurer und zehn Abenteuerinnen.

Auch vom Alter her waren die Teilnehmenden gut durchmischt: Die Altersspanne reichte von 14 bis 20. Eigentlich hatten wir als Mindestalter 15 Jahre festgesetzt. Doch Sara, ein Mädchen aus meinem Dorf, wollte unbedingt mit, obwohl sie erst 14 war. Da die Eltern nichts dagegen hatten, und da ich sie als zähes Mädchen kannte, drückte ich ein Auge zu, sehr zur Freude ihrer ebenfalls teilnehmenden Freundin Edda – meiner Tochter.

Jetzt, wo ich am Treffpunkt in Hartenstein die Rucksäcke sehe, mit denen die z.T. recht zierlichen Mädchen eintreffen, beschleichen mich für einen Moment Zweifel, ob es wirklich so gut ist, schon so junge Mädchen mitzunehmen. An die Empfehlung, möglichst nur sieben Kilo Gepäck mitzunehmen, hat sich jedenfalls kaum jemand gehalten. Es stellt sich heraus, dass die meisten zehn Kilo und mehr im Rucksack haben. Den Rekord erzielt Georg mit 19 Kilo! (Allerdings hat er als robuster Pfadfinder auch eins von den Tarps, einen Kocher und andere Dinge für die Allgemeinheit im Rucksack.)

Nun ja, das Gepäck zu reduzieren, dafür ist es jetzt zu spät. Irgendwie muss es so gehen. Zur Not müssen die Stärkeren die Schwächeren entlasten und ihnen Gepäck abnehmen.

Also los! Bevor sich das Mittagsloch im Magen so richtig breit macht und die Euphorie gleich zu Beginn einen Dämpfer bekommt, starten wir. Als erstes geht es Richtung Süden, hinauf ins Gebirge. Wir haben perfektes Wanderwetter: für den Hochsommer zu kühl, aber dadurch genau richtig zum Laufen. Halb fünf erreichen wir Schneeberg-Griesbach. Wenn wir noch arbeiten wollen, müssen wir jetzt schnell nach einer Möglichkeit suchen. Da wir unsere Chancen gering schätzen, gleich für 20 Leute Arbeit und/oder Quartier zu finden, teilen wir uns in Kleingruppen auf. Elias und drei Teilnehmer werden bald fündig: Sie jäten Unkraut und bekommen dafür Pizza, allerdings kein Quartier. Aber immerhin: Vier hungrige Jungs werden schon mal satt. Lukas und drei andere Teilnehmende finden Arbeit auf dem Möckel-Hof: Das Auto bekommt eine Intensiv-Wäsche. Ich und wieder drei andere Teilnehmende verhandeln mit einem anderen Landwirt: Arbeit und Essen hat er zwar nicht, und das mit dem Quartier: nun ja, zur Not. Aber wir sollen uns erst mal noch woanders umschauen. Und wenn alle Stricken reißen, dann können wir auf seiner Wiese schlafen.

Jetzt ist Griesbach nicht wirklich groß. Die Zahl großzügiger Grundstücke ist sehr übersichtlich. Also landen auch wir auf dem Möckel-Hof, ebenso wie letztlich auch Stephan und Bringfriede mit ihren Gruppen. Arbeit gibt es zwar außer dem einen Auto, das gerade gewaschen wird, weiter keine. Aber die Bäuerin versteht unsere Lage – und ringt sich dazu durch, uns ihre Scheune zu öffnen. Wir sind dankbar und erleichtert, erst recht, als sie mit dem frisch gewaschenen Auto losfährt, um uns etwas zu essen zu kaufen! Inzwischen wirft der Junior schon mal den Grill an, und dann gibt es Bratwurst und Toastbrot.

Da es angefangen hat zu regnen, nehmen wir das Essen in der Scheune ein. Es ist eng, aber wir finden alle einen Sitzplatz, und einen Tisch haben wir auch. Es sind jetzt auch keine Massen zu essen, aber wir haben etwas im Magen und damit sind wir glücklich.

Nach dem Essen gesellt sich Günther Möckel, der Senior, zu uns. Anfangs wirkt er noch etwas reserviert, doch dann findet er ein Thema, über das er gerne redet: der Krieg und die Verbrechen der Nazis. Ich höre mir die alten Geschichten an. Herr Möckel wirkt wie ein aufrechter Mann, der offenbar versucht hat, im Rahmen seiner Möglichkeiten Widerstand zu leisten. Ich erzähle ihm von meiner Großmutter, die ebenfalls im Krieg viel erlebt hat. Ihr Fluchttagebuch ist später als Buch veröffentlicht worden. Die Erlebnisse dieser mutigen und tapferen Frau gehören zum Geschichten-Schatz meiner Familie, und Herr Möckel hört interessiert zu.

Nach etwa einer Stunde verschwindet er. Ich habe die Chance, mich um die Gruppe zu kümmern und beginne ein Spiel: „Äffchen Äffchen Elefant". Es geht darum, einen völlig sinnfreien Spruch aufzusagen, begleitet von einer simplen Finger-Choreografie. Nachdem ich das vorgemacht habe, geht es reihum, und jeder versucht, die kleine Übung richtig nachzumachen. Der Haken ist: Zu der Choreografie gehört auch das Armeverschränken am Ende. Erfahrungsgemäß dauert es eine Weile, bis das alle verstanden haben. Ein lustiges kleines Spielchen, das immer für Spaß sorgt. Nie jedoch für so viel Spaß wie an diesem Abend. Denn ausgerechnet der kluge Stephan, der Mitarbeiter, der sonst auf alles einen schlauen Kommentar weiß, steht an diesem Abend völlig auf dem Schlauch! Und obwohl irgendwann alle anderen gleichzeitig und überdeutlich die Arme verschränken, dauert es eine geschlagene Stunde, bis der Groschen schließlich auch bei ihm fällt. Zum Glück kann Stephan damit umgehen, dass sich alle auf seine Kosten köstlich amüsieren.

Nachdem die Sache mit dem Äffchen und dem Elefanten endlich geklärt ist, kommt der alte Landwirt Möckel noch mal zu mir, diesmal mit einem seelsorgerlichen Anliegen. Offenbar hat er Vertrauen gefasst und redet sich jetzt eine dicke Portion Kummer von der Seele. Es scheint ihm gut zu tun, ein offenes Ohr zu finden, und es stört ihn auch nicht, dass direkt neben ihm die Jugendlichen feiern. Im Gegenteil: Für ihn sind wir „echte Kumpel".

Irgendwann ist es Zeit schlafen zu gehen. Herr Möckel gibt noch eine Bauernweisheit zum Besten: „Wer lange schläft, hält's Bett lang warm – wer früh aufsteht, der frisst sich arm." In diesem Sinne verabschiedet er sich. Vor dem Schlafen nutzen besonders die Jüngeren unter uns noch die Gelegenheit, die Scheune als Abenteuerspielplatz in Besitz zu nehmen. Wann hat man schon mal die Möglichkeit, aus zwei Metern Höhe nach Herzenslust ins Heu zu springen? Spätestens nach dieser Spiel-und Tobestunde sind alle müde genug. Wir sprechen noch ein Dankgebet und versinken erschöpft in den Schlaf.

Dienstag, 14.7.2015

Der zweite Tag beginnt mit einem eher bescheidenen Frühstück. Zum Glück haben wir am Vortag in einer Bäckerei ein paar Brötchen und etwas Brot abgestaubt. Von den Landwirten bekommen wir dazu Kaffee und Tee, ein Stück Butter, Marmelade, Blut- und Leberwurst aus eigener Schlachtung – alles in eher überschaubaren Mengen, aber immerhin sind wir ausgeschlafen. Wir dürfen das WC im Haus benutzen, und der Wassertrog im Hof steht uns zum Waschen zur Verfügung.

Nach dem Frühstück laufen wir weiter ins Gebirge Richtung Südwesten. Es nieselt. Es ist auch nicht wirklich warm. Und wir sind auch nicht wirklich satt.

Bereits in Lindenau fangen wir an, nach Arbeit zu suchen – doch vergeblich. Keiner der Landwirte hat Arbeit für uns. Auf der Karte finden wir einen Pferdezuchthof, der auf der Strecke liegt. Unsere Stimmung steigt, denn auf so einem Pferdehof gibt es doch eigentlich immer was zu tun, oder? Also klingeln wir. Der Besitzer starrt uns feindselig an. Wir bringen unser Anliegen vor. Doch der Mann sagt nur: „Das hier ist ein Privatweg, da habt ihr nichts zu suchen. Seht zu, dass ihr fort kommt!" Das war wohl nix. Wir schütteln den Staub von den Füßen und setzen trotzig unsere Wanderung fort.

Nach dreistündigem Marsch sind wir mittags in Lichtenau. Wir sind erschöpft und hungrig. Unterwegs haben wir von Schokolade und anderen Leckereien phantasiert, die jetzt schön wären. Doch das waren eben Phantasien. Die Wirklichkeit sieht anders aus. Ernüchterung macht sich breit.

Um die Moral etwas zu heben, verteile ich die mitgebrachten Müsliriegel. Ganz wohl ist mir dabei nicht, schon am zweiten Tag den Notproviant anzutasten. Doch was wäre die Alternative?

Vielleicht mal irgendwo klingeln, auch wenn die Häuser nicht gerade so aussehen, als gäbe es hier Arbeit? Aber gut, einen Versuch ist es ja wert. Wir klingeln an der nächstbesten Tür – und bekommen immerhin eine Packung Butterkekse! Die Packung enthält 30 Kekse. Das heißt, jeder bekommt genau anderthalb Kekse. Das ist nicht viel, aber es ist viel mehr als nichts. Und: Nie hat Butterkeks so gut geschmeckt wie in diesem Moment!

Diese Kekse leiten die Wende ein. Von nun an geht es bergauf, erst mit der Moral und dann auch mit dem „Erfolg". Denn bald darauf kommen wir an zwei Kirschbäumen vorbei, die am Straßenrand geradezu auf uns gewartet haben. Unzählige rote Kirschen hängen an den Bäumen, viele so tief, dass wir uns nur auszustrecken brauchen. Höher hängende Kirschen werden von Sara, unserem Fliegengewicht, auf meinen Schultern sitzend, in Georgs Lederhut gesammelt. Meine Aufforderung „Esst – ihr wisst nicht, wann es wieder was gibt!" wird von nun an zum geflügelten Wort.

Doch die nächste Gelegenheit kommt schon bald: als nämlich Lukas auf einem Firmenparkplatz einen Autoschlüssel findet. Er geht mit dem Schlüssel in die Firma – und kommt mit einer Tüte Waffelgebäck wieder raus.

In der Zwischenzeit fragen wir zu dritt bei der benachbarten Baumschule Vogel nach Arbeit. Frau Vogel hat zwar keine Arbeit für uns, aber frisch gebackenen Kuchen für den bevorstehenden Kindergeburtstag. Für uns drei müsste der Kuchen auch noch reichen, meint sie. Was sie erst danach mitbekommt, ist, dass um die Ecke noch 17 weitere hungrige Mäuler warten. Doch das bringt sie nicht aus der Ruhe. Gut, der Kuchen reicht dann vielleicht doch nicht, aber sie hat sofort eine andere Idee. Wir sollen nur erst mal reinkommen. Auf dem großen Gelände gibt es eine abgelegene

Sitzecke an einem Teich. Frau Vogel lässt weitere Bänke und einen Tisch dorthin bringen, fährt zur Bäckerei und kehrt bald darauf schwer beladen zurück. Es sieht so aus, als habe sie die halbe Bäckerei leer gekauft. Außerdem stellt sie noch Butter und Marmelade auf den Tisch – und setzt sich sogar noch dazu. Wie gesagt, der Kuchen ist ja schon gebacken. Und wie sie da so sitzt, gibt es ein wechselseitiges Erkennen: Wie sie trägt nämlich auch Tabea, eine der Teilnehmerinnen, ein Armband mit dem Aufdruck „Awakening Europe". Beide haben das Armband am Wochenende zuvor auf einem evangelistischen Kongress im Nürnberger Grundig-Stadion erhalten. Das erklärt vielleicht die ungewöhnliche Offenheit dieser Frau.

Inzwischen haben unsere Mägen eine gewisse Grundlage erhalten, und so gestärkt geht es weiter Richtung Stützengrün. Die Stimmung ist bestens. Doch unsere Gedanken wandern langsam, aber sicher zu der Frage, wo wir die Nacht verbringen werden. Und da wir ja auch noch Zeit zum Arbeiten brauchen, beschließen wir, mit der Arbeits- und Quartiersuche zu beginnen, sobald wir nach Stützengrün kommen. Sprich: Beim ersten Hof, an dem wir vorbeikommen, wird geklingelt!

Doch klingeln brauchen wir gar nicht. Denn der erste Hof, an dem wir vorbeikommen, ist der Hof von Annelie und Martin Fischer. Und die stehen gerade vor der Tür. Eben haben sie Gäste verabschiedet, und im nächsten Moment tauchen 20 schwer bepackte Jugendliche vor ihrem Haus auf. Die Fischers staunen nicht schlecht, fragen, wer wir so sind, und ob wir vielleicht was trinken wollen. Das wollen wir. Also werden wir gebeten, auf ihrer großen Terrasse Platz zu nehmen. Wir bekommen Kaffee, Milch, Wasser und Cappuccino. Als sich dann herausstellt, dass wir nicht nur trinken wollen, sondern auch essen und am liebsten auch gleich noch übernachten, geht das Staunen weiter. Doch es ist ein wohlwollendes Staunen, und so zögern die beiden nicht lange und überlassen uns ihre Scheune. Arbeit haben sie zwar gerade nicht für uns – höchstens ein bisschen aufräumen in der Scheune und Salate zubereiten fürs Abendessen. Aber wir sind willkommen. Sehr sogar. Während einige die Scheune kehren und eine Ecke zum Schlafen aufräumen, bereiten einige Mädchen mit Frau Fischer das Abendessen zu.

Ich will mich mit der Auskunft, es gebe sonst keine Arbeit, nicht zufrieden geben und frage noch mal, ob es nicht wenigstens etwas Bügelwäsche gebe. Und siehe da, die gibt es, eine große Wanne voll. Ich bekomme das Bügelbrett in die offene Garage gestellt und habe für die nächsten anderthalb Stunden zu tun. Annelie Fischer ist ganz aus dem Häuschen: „Das gibt's doch nicht: Ein Mann, der bügelt!" „Und noch dazu ein Pfarrer!" ergänzt ihr Mann. Er hatte mich nach dem Namen gefragt und anschließend mit Googles Hilfe herausgefunden, dass ich Pfarrer bin. Das ist vor allem Frau Fischer jetzt peinlich, weil sie gleich ganz selbstverständlich „Du" gesagt hat und mir dann auch noch die Bügelwäsche hingestellt hat. Wir können darüber nur lachen! Fischers selbst gehören in Stützengrün offenbar zu den Stützen der Landeskirchlichen Gemeinschaft.

Als es nach getaner Arbeit in der geräumigen Doppelgarage das reinste Festmahl gibt – wieder kommt ein Teil des Essens frisch vom Grill – erleben wir eine Überraschung: Drei Jugendliche vom EC[2] tauchen auf, eingeladen von Cornelia, der Tochter oder Schwiegertochter von Fischers. Und es sind nicht irgendwelche Jugendliche, sondern unter anderem Erik und Madeleine, alte Bekannte aus dem Stützengrüner Konfirmandenjahrgang, den ich 2012/13 vertretungsweise übernommen hatte! Das Staunen geht weiter. Sehr schön ist, dass Erik seine Gitarre und einen Satz Jugendliederbücher mitgebracht hat, und so singen wir voller Überzeugung „Denn der Herr tut heute noch Wunder" und andere Lieder.

---

[2] EC = Entschieden für Christus (der Jugendverband der Landeskirchlichen Gemeinschaften).

Wir rufen uns auch noch mal die Herrnhuter Losung aus 1. Samuel 17 in Erinnerung, die wir morgens gelesen haben: „Geh hin, der Herr sei mit dir!" Das passt!

Vor dem Schlafen dürfen wir noch das Keller-Klo benutzen und sogar duschen!

Mittwoch, 15.7.2015

Genauso fürstlich, wie wir abends gespeist haben, geht es am Morgen weiter: drei Gläser Nutella, sechs Liter Milch, drei Päckchen Butter, Cappuccino, Bohnenkaffee und so sogar ein frisch gebackener Kuchen stehen auf dem Tisch! Und Jörg Börner, der Nachbar und Freund der Fischers, hat auch noch haufenweise Brötchen vorbeigebracht, weil er von der Aktion begeistert ist. (Auch er übrigens ein alter Bekannter, den ich im Rahmen meiner Vertretungsdienste kennengelernt habe.) So üppig ist das Frühstück, dass wir die beträchtlichen Reste als Wegzehrung mitbekommen. Wir räumen alles wieder auf und starten Richtung Vogtland.

Die heutige Wanderstrecke ist ein Traum, vor allem der Abschnitt des Fernwanderweges Görlitz – Greiz, der durch das liebliche Göltzschtal führt. Wir haben gutes Wanderwetter, leicht bewölkt und nicht zu warm. Unter Stephans souveräner Führung kommen wir gut voran.

Das letzte Stück von Rodewisch nach Rebesgrün ist dann ziemlich anstrengend. Eine neu gebaute mehrspurige Landstraße beherrscht das Bild, inzwischen ist es auch geradezu heiß und weitgehend schattenlos, so dass wir ganz schön erschöpft sind, als wir nach 20 km Rebesgrün erreichen.

Dort haben wir eine Adresse: die Schillerstraße 10. Hier wohnen Tobias und Susanne, alte Bekannte aus der Jugendarbeit im Kirchenbezirk Aue. Als ich die beiden im vorigen Herbst gesehen habe, habe ich schon mal angedeutet, dass es gut sein kann, dass ich im Sommer mit einer Gruppe Jugendlicher vorbeikomme. „Ja ja, kein Problem", meinte der Tobias damals. „Ich selbst bin zwar dann gerade unterwegs, aber Susanne ist da und kann sich nach Feierabend um euch kümmern." So kenne ich den Tobias: alles kein Problem.

Also gut. Ich nehme ihn beim Wort. Um aber unsere Null-Euro-Tour-Regel nicht komplett zu brechen, verzichte ich im Vorfeld auf eine Erinnerung und überlasse das Gelingen dem Zufall – oder besser der Vorsehung.

16.30 Uhr treffen wir in der Schillerstraße 10 ein. Susanne ist nicht zuhause. Aber gut, sie ist wohl noch arbeiten. Wir beschließen, an Ort und Stelle auf sie zu warten, denn zum Weiterlaufen fehlt im Moment die Motivation. Also klingeln wir bei Hansons[3], die ebenfalls im Haus wohnen. Frau Hanson öffnet uns und erlaubt uns, im Garten auf die Susanne zu warten. „Bestimmt kommt sie noch."

Während wir so warten, kommen wir mit Frau Hanson ins Gespräch. Sie ist die Frau von Pfarrer Hanson, ebenfalls ein alter Bekannter und Jugendpfarrer-Kollege von mir. Das erleichtert die Sache, und wie sich herausstellt, gibt es in Frau Hansons Gemüsegarten reichlich Arbeit für uns. Dass es sich um einen Gemüsegarten handelt, muss allerdings dazugesagt werden – denn Gemüse ist kaum zu erkennen. Es ist fast restlos überwuchert von Unkraut, das in dem Garten prächtig gedeiht. Offenbar hat Frau Hanson den Gemüsegarten schon fast aufgegeben. Zu mühsam ist das Unkrautjäten geworden, und irgendwann fehlte einfach die Motivation. Da kommt die 20köpfige Arbeitsbrigade gerade recht. Gemeinsam rücken wir dem Unkraut und auch den zahlreichen Schnecken zu Leibe und legen nach und nach das Gemüse frei.

---

[3] Name geändert.

Auch Frau Hanson packt mit an, plötzlich wieder voller Elan und Hoffnung für ihren Garten. Und da wir einmal dabei sind, mähen wir gleich noch den Rasen und setzen den Komposthaufen um.

In der Zwischenzeit ist Susanne von der Arbeit heimgekehrt. Die Null-Euro-Tour ist ihr nicht mehr präsent gewesen. Aber Tobias hat schon recht gehabt: Es ist tatsächlich „kein Problem". Sie fährt noch einmal los und kauft für uns ein. Und dann zaubern sie und Frau Hanson Nudeln mit Tomatensoße und Salate auf den Tisch, die wir im Pfarrgarten mit großem Appetit verspeisen.

Anschließend dürfen wir Feuer machen. Susanne leiht uns ihre Gitarre, aus dem Gemeindehaus werden die Liederbücher herbeigebracht, und so klingt der Tag stilvoll aus.

Als Zugabe gibt es dann noch das Angebot, im Gemeindehaus zu übernachten, wo im Jugendraum sogar einige Sofas zur Verfügung stehen. Doch der Wetterbericht stellt eine trockene Nacht in Aussicht, und so ziehen wir die Übernachtung im Garten vor. Das Tarp wird lediglich über die Wäscheleinen gespannt, um gegen den Tau zu schützen. Manche legen sich mit ihrem Schlafsack auch gleich unter den freien Himmel oder, ganz komfortabel, aufs Trampolin. Wie war das: „Milliarden-Sterne Luxussuites unter freiem Himmel" – hier erfüllt sich die Verheißung aus der Ankündigung.

Donnerstag, 16.7.2015

Allerdings erweist sich der Wetterbericht als falsch! Kurz vor fünf Uhr fängt es an zu regnen, anfangs als Nieselregen, doch später geht ein wahrer Sturzregen nieder. Alle flüchten sich unter das Tarp – doch das ist den Wassermassen nicht gewachsen. In kürzester Zeit sind die ersten Schlafsäcke klatschnass! Gott sei Dank gibt es da ja noch das Gemeindehaus. Im Gemeindehaus schieben wir Tische und Stühle zur Seite und belegen sämtliche freie Flächen – einschließlich der Küche. Kurz darauf zieht der Regen ab, na prima! Aber egal, bald darauf sind alle noch mal eingeschlafen. Und in der kräftigen Morgensonne sind die Schlafsäcke auch schnell wieder trocken.

So brechen wir nach dem von Hansons gesponserten Frühstück gutgelaunt in Richtung Talsperre Pöhl auf. Zuversicht macht sich breit. Zwar sind wir noch nicht am Ziel, doch wir haben inzwischen schon so viel wunderbare Fürsorge erfahren – jetzt kann uns nichts mehr aus der Ruhe bringen!

Als wir nach 20 km am Nachmittag die Talsperre Pöhl erreichen, ist die Begeisterung so groß, dass wir erst einmal Jubel-Fotos am Ufer machen. Zwar sind wir noch nicht ganz am Ziel, doch von jetzt an werden wir der Uferlinie der Talsperre folgen. Es gibt also keine anstrengenden Steigungen mehr, und auch die Strecke hält sich in Grenzen. Wenn's geht, bleiben wir heute in Altensalz, und morgen ist es dann bloß noch ein Stündchen bis zum Zeltplatz Gunzenberg, wo wir im „Kirche-unterwegs"-Lager unterkommen wollen.

Doch in Altensalz erhält die Begeisterung einen Dämpfer. Bald wird klar, dass wir hier keine Arbeit finden werden. Nach einer halben Stunde haben wir das ganze Dorf hoch und runter durchkämmt – keine Chance! Und jetzt noch einmal aufzubrechen, um unser Glück andernorts zu versuchen, dazu fehlt gerade der Elan. Es ist auch bereits 16.00 Uhr.

Lukas kommt mit zehn Euro. Er hat sich mit einer Frau im Dorf unterhalten, die Hartenstein kannte. Ein paar Pfandflaschen haben wir auch gesammelt. Diesmal haben wir also etwas Geld. Was aber in dem Dörfchen fehlt, ist eine Einkaufsmöglichkeit, und so hilft uns das Geld erst mal nicht weiter.

Auch im Pfarrhaus ist es schwierig. Der Pfarrer ist unterwegs, und die Pfarrfrau ist zurückhaltend. Wir passen nicht ins Bild. Zwar gibt es im schönen großen Pfarrgarten direkt an der Talsperre alles, was eine Freizeitgruppe braucht – einschließlich Gästedusche und Feuerstelle – doch das steht nur für angemeldete und zahlende Gäste zur Verfügung.

Das Glück ist zum Greifen nah, doch es bleibt uns verwehrt!

Da hat Bringfriede eine Idee: Hier ganz in der Nähe wohnt ihre Freundin und Kollegin Daniela. Vielleicht hat die eine Idee... Oder kann uns wenigstens erst mal eine Stärkung organisieren... Bringfriede findet die Nummer in ihrem Handy.

Die Nummer stimmt sogar noch – und Bringfriede rennt bei Daniela offene Türen ein! Denn die hatte gestern bereits im Vogtland-Anzeiger über die Null-Euro-Tour gelesen – offenbar war dort auf der Grundlage meiner Facebook-Posts darüber berichtet worden! Daniela war so angetan, dass sie – just an diesem Vormittag – bei einer Bibelarbeit von der Null-Euro-Tour gesprochen hat. Außerdem ist sie gerade Strohwitwe, von daher ist ihr die unerwartete Abwechslung willkommen.

Für die Verpflegung ist also gesorgt. Und damit ist auch der Rest kein Problem mehr. Wir erhalten die Erlaubnis, den Pfarrgarten samt eigener Badestelle zu nutzen, und auch die Gästedusche samt WC steht uns zur Verfügung. Dann kommt Daniela mit dem Essen: Kuchen, Kekse, Melone, Suppe, Brot und Süßigkeiten. Sogar Lakritz ist dabei – ich kann mein Glück kaum fassen!

Und dann dürfen wir auch noch die Feuerstelle am Ufer benutzen. Wir nutzen den schönen lauen Sommerabend am Feuer, um mal einen Blick in die Bibel zu werfen. Die Initiative dazu geht von Lisa und Tabea, zwei Teilnehmerinnen, aus. Eine religionspädagogische Sternstunde, wenn Jugendliche von sich aus die Bibel lesen wollen!

In den vergangenen Tagen kam das Gespräch mehrfach auf die Stelle, wo Jesus die Jünger aussendet. In Matthäus 10 heißt es unter anderem:

Wenn ihr aber in ein Haus geht, so grüßt es; und wenn es das Haus wert ist, kehre euer Friede dort ein. Ist es aber nicht wert, so wende sich euer Friede wieder zu euch. (Matthäus 10,12-13)

Krass, wie sich das genau so erleben lässt, wenn man Jesu Auftrag beim Wort nimmt! Dem Landwirt Möckel hat es gut getan, ein offenes Ohr zu finden. Bei Frau Vogel von der Baumschule und Familie Fischer in Stützengrün gab es von Anfang an eine gemeinsame Wellenlänge. Der Pfarrfrau Hanson hat es gut getan, mit unserer Hilfe endlich die Gartenarbeit wieder in Angriff zu nehmen. Und auch hier in Altensalz hat sich die anfängliche Zurückhaltung längst in Wohlgefallen aufgelöst. Inzwischen ist auch der Pfarrer heimgekehrt, und er und jetzt auch seine Frau zeigen wohlwollendes Interesse an unserer verrückten Unternehmung. Vor allem aber Daniela: Ihre Unterstützung kommt so richtig von Herzen, das ist deutlich zu spüren. Und das tut gut.

Inzwischen haben Stephan, Elias, Lukas und Georg das Tarp aufgespannt. Die meisten kommen dort unter. Andere wagen es noch einmal, ganz im Freien zu schlafen. Und diesmal geht es gut: Wir bleiben trocken und genießen den freien Blick in den Sternenhimmel.

Freitag, 17.7.2015

Für das Frühstück haben wir noch Knäckebrot und Kekse – nicht viel, aber was soll's? Doch dann kommt die nächste wunderbare Überraschung: Daniela kommt mit dem Frühstück wieder zu uns in den Pfarrgarten. Sie meint, sie habe gestern gar nicht daran gedacht zu fragen, ob wir auch Frühstück brauchen und deshalb hat sie spontan etwas eingepackt. Wir staunen nicht schlecht: frische Brötchen, Kakao, Milch, Bananen, Cornflakes, Margarine, Marmelade, Nutella und Wurst! Als Proviant für die letzte Etappe bringt sie zusätzlich Müsliriegel mit, und auch vom Frühstück bleibt noch manches übrig, so dass wir heute keinerlei Versorgungssorgen haben. Wir räumen alles auf, putzen die Dusche und machen noch ein Gruppenfoto mit den Pfarrersleuten, und dann geht es los, geleitet von der Losung aus Psalm 25,12: „Wer ist es, der den Herrn fürchtet? Ihm weist er den Weg, den er wählen soll!"

Es geht größtenteils am schönen Talsperren-Ufer entlang. Die Stimmung ist fröhlich und ausgelassen. Als Spruch der Woche hat sich der Satz „H-Milch geht ooch" herauskristallisiert. Keine Ahnung, in welchem Zusammenhang dieser Satz zum ersten Mal gefallen ist. Aber jetzt wird er zu jeder passenden und unpassenden Gelegenheit zitiert – und jedes Mal wird es lustiger.

Unser Ziel ist das Lager von „Kirche unterwegs" (KU) auf dem Zeltplatz Gunzenberg, wo ich uns vor längerer Zeit schon mal mehr oder weniger angemeldet habe. Ulrike Schmidt, die Leiterin, hat zwar erst am Vortag durch ein Foto auf Facebook realisiert, dass es sich bei der Null-Euro-Tour um eine 20köpfige Gruppe handelt, aber bei KU ist man ja Gott sei Dank flexibel genug, um zum Mittagessen zur Not noch ein paar Kilo Reis hinzuzufügen und den Rest eben etwas zu strecken. Auf jeden Fall werden wir alle satt.

Wir bauen das Tarp neben dem Küchenzelt auf und gehen erst mal ausgiebig baden im herrlichen Talsperren-Wasser. Nachmittags kommt unser „Arbeitseinsatz": Wir folgen dem Einladungstrupp singend auf seiner Runde über den Zeltplatz und laden zum Kinderprogramm ein. Dabei schließen sich nach und nach immer mehr Kinder an und folgen uns zum großen KU-Veranstaltungszelt.

Abends wiederholt sich das gleiche Spiel zur Gute-Nacht-Geschichte. Nur wird der Einladungstrupp diesmal von einem als Sandmann verkleideten Mitarbeiter angeführt, wie das bei KU seit Jahrzehnten Tradition ist.

Nach dem Abendessen findet im großen Veranstaltungszelt ein Konzert des christlichen Liedermacher-Duos Andy & Frank statt. Als Null-Euro-Touristen machen wir fast die Hälfte der Zuhörer aus. Es ist also ein eher überschaubares Event. Doch die Stimmung ist gigantisch – als wären nicht 50, sondern 500 Hörer im Zelt. Das liegt vor allem an der ausgelassenen Euphorie, die uns gepackt hat. Besonders beim Kinderlied vom Tiger gibt es kein Halten mehr. Als Andy & Frank zum Mitsingen auffordern, dröhnt es lautstark durch das Zelt: „Ich gehe tipp tapp tipp tapp…"

Wir sind gut drauf, um es ganz einfach zu sagen. Denn wir haben eine echte Herausforderung gemeistert, wie man sie sonst nicht erlebt. Dabei haben wir erfahren, dass es weniger auf unser Geschick ankommt als auf die Gastfreundlichkeit der Menschen. Und die ist überall zu finden. Gerade dann, wenn man sie braucht, sind da Menschen, die uns ihr Herz öffnen – und die das sogar gerne tun. Im besten Fall profitieren sie auch selbst davon.

Zurück zum Konzert. Andy und Frank sind sichtlich überrascht von der Stimmung im Zelt. Nach dem Auftritt schenken sie uns ihre aktuelle CD und signieren sie mit einem persönlichen Gruß: „Gottes Segen für euch. Ihr wart toll!"

Samstag, 18.7.2015

Nach einer lauen Sommernacht, die wir je nach Vorliebe unter dem Tarp, dem freien Sternenhimmel oder auch im großen Veranstaltungszelt verbringen, begleite ich morgens den KU-Jahrespraktikanten Steve zum Bäcker im nahen Jocketa. Wir haben ja noch das Geld von gestern. Jetzt ist die Gelegenheit zum Einkaufen gekommen, und ich erstehe eine große Tafel Schokolade, denn von Schokolade träumen wir seit Tagen! Lecker! Das restliche Geld stecken wir in die KU-Spendendose.

Gut gestärkt brechen wir nach dem Frühstück auf zu einer letzten kurzen Etappe zum Jocketaer Bahnhof. Dabei kommen wir durch das malerische Triebtal, für mich das schönste Stück der gesamten Tour.

Von den vier Vogtländern heißt es schon in Jocketa Abschied nehmen, da sie dort von den Eltern abgeholt werden. Wir anderen genießen bestens gelaunt den Rückweg mit der Bahn und staunen, wie die Landschaft, durch die wir in den letzten Tagen mühsam gekrochen sind, nun in Windeseile an uns vorbeifliegt.

In Hartenstein werden dann nicht nur die Handys und Portemonnaies wieder ausgeteilt, sondern auch die Kaution, die im

Vorfeld überwiesen worden ist, um einen kurzfristigen Rückzieher, z.B. nach einem düsteren Wetterbericht, zu erschweren. Dann heißt es auch für die übrigen Abschied nehmen.

Wir sind uns in den letzten sechs Tagen nahe gekommen. Und wie sich herausstellen wird, ist auch manche langjährige Freundschaft entstanden.

Erschöpft, aber sehr glücklich gehen wir auseinander. Auch wenn die Woche am Ende weitaus weniger entbehrungsreich war als befürchtet – manche sprechen jetzt gar von der „Null-Euro-Schlemmer-Tour" – freuen wir uns jetzt schon auf die eigene Dusche, den heimischen Kühlschrank und das eigene Bett.

Nachwirkungen

Die Null-Euro-Tour hatte eine Reihe Nachwirkungen. Bereits wenige Tage später sprach mich auf dem Zeltplatz Gunzenberg, wo ich für eine Woche das Kirche-unterwegs-Team verstärkte, eine Frau an. Sie hatte ihr Zelt zunächst am anderen Ende des Jugendzeltplatzes aufgeschlagen, war aber mitten in der Nacht vor den lärmenden Nachbarn geflohen und auf diese Weise neben den KU-Zelten gelandet. Dort hatte sie „gute Sicht" auf die Null-Euro-Tour-Gruppe.

Als sie mich zwei Tage später wiedersieht, will sie von mir wissen: „Wie kann man denn eigentlich so gut drauf sein wie ihr?" Für sie selber trifft das, wie sich herausstellt, gerade ganz und gar nicht zu: seit vielen Jahren arbeitslos, als alleinerziehende Mutter mit der Erziehung zweier Jungs heftig gefordert und insgesamt ziemlich desorientiert. Ja, wie kann man so gut drauf sein? Eine Vermutung hat sie ja selbst schon: Sie hat nämlich beobachtet, wie wir gebetet haben. Und hat das mit dem Beten dann gleich selbst mal ausprobiert. Und ja, das tut ihr gut.

Die Begegnung mit uns und dann auch mit dem Team von Kirche unterwegs beeindruckt sie so, dass sie mit ihren Söhnen zum KU-Nachtreffen im November kommt. Als ich sie dort sehe, muss ich zweimal hingucken. Sie hat sich verändert, zum Guten. Sie wirkt aufgeräumter und viel positiver. Und sie sagt: Die Tage auf dem Zeltplatz haben ihr Leben verändert!

Apropos Kirche unterwegs: Lisa, eine Teilnehmerin der Tour, ist durch die Begegnung mit KU ebenfalls auf den Geschmack gekommen. Auch sie ist beim Nachtreffen mit dabei – und gehört seitdem, also jetzt seit fünf Jahren, zum KU-Team. Inzwischen studiert sie Theologie und will Pfarrerin werden.

Auch mit Günther Möckel, dem alten Landwirt in Griesbach, gibt es ein Nachspiel: Zu Weihnachten schicke ich ihm ein Exemplar des Fluchttagebuchs meiner Großmutter, von dem ich ihm erzählt hatte. Er kann es gar nicht fassen, dass ich noch an ihn gedacht habe, und bedankt sich ganz gerührt bei mir.

Und dann gibt es da noch die Null-Euro-Tour der Jungen Gemeinde Hartenstein. Unsere Tour war ja auch als Experiment gedacht, das, falls erfolgreich, gerne nachgeahmt werden soll (so wie wir selbst ja die Idee von anderer Stelle übernommen haben). Und so kommt es auch: Zwei Jahre später brechen Lukas und Elias, zwei der Mitarbeiter von 2015, mit einer Handvoll Jugendlicher aus der Jungen Gemeinde Hartenstein auf eine eigene Tour auf. Auch diese Tour wird reich gesegnet.

Die Idee zieht also Kreise, und das ist gut so.

„Seid ihr Islamisten?"
Oberlausitz (2016)

Nach der Null-Euro-Tour ist *vor* der Null-Euro-Tour! Für mich jedenfalls stand nach der gelungenen Premiere fest, dass es eine Fortsetzung geben muss. Als ich bei einer Veranstaltung der Evangelischen Jugend Sachsen Anna, einer der Teilnehmerinnen von 2015, davon erzählte, sagte sie sofort: „Dann könnte ich doch mitmachen!" Und Alexander, der am selben Tisch saß, schloss sich gleich an: „Ich auch!" Und zwei Tische weiter saß Jakob. Der hatte von der Tour gehört und auch schon signalisiert, dass er bei einer Neuauflage gerne dabei wäre. Als Pfadfinder konnten wir ihn im Team natürlich gut gebrauchen. Und so hatte ich innerhalb einer halben Stunde mein Team so gut wie zusammen. Später kam nur noch Konrad hinzu, der mit Alexander zusammen in Moritzburg Religionspädagogik studierte. Die beiden bekamen die Mitarbeit bei der Tour sogar als Praktikum anerkannt.

Montag, 18.7.2016

Der Treffpunkt der diesjährigen Null-Euro-Tour ist Bautzen. Wir sind 14 Teilnehmende und fünf Mitarbeitende, wobei die Teilnehmenden zwischen 13 und 20 sind. Eine große Altersspanne also, doch die Eltern der Teilnehmenden unter 15 haben mir versichert, dass sie ihren Kindern zutrauen, die Herausforderung zu meistern. Und nach den guten Erfahrungen mit der 14jährigen Sara im Jahr zuvor bin ich inzwischen gelassen.

Und zwar nicht nur, was das Alter der Teilnehmenden angeht. Auch sonst. Wenn ich an die leichte Unruhe zu Beginn der ersten Null-Euro-Tour denke, fühlt es sich jetzt anders an. Es ist eben jetzt schon das zweite Mal, und ich weiß, dass es grundsätzlich möglich ist, ohne Geld und organisierte Quartiere zu überleben.

Wobei ich ehrlich sein will: Diesmal habe ich doch ein Quartier organisiert, und zwar gleich für zwei Nächte. Das liegt daran, dass ich nach den guten Erfahrungen mit „Kirche unterwegs Vogtland" im Jahr zuvor auch dieses Jahr etwas ähnliches vorhabe: diesmal beim CVJM am Bärwalder See. Den Leiter dort kenne ich bereits, und als ich ihm mein Anliegen unterbreite, ist er sofort bereit, uns für zwei Nächte aufzunehmen und zu versorgen.

Doch jetzt geht es erst einmal geht es darum, sich aufeinander einzustimmen. Dafür dient uns wieder der Tower of Power. Auch die diesjährige Gruppe schafft es nach einiger Zeit, den sechsteiligen Turm auf dem Bahnhofsvorplatz komplett zu errichten.

Was dann kommt, ist für mich fast schon Routine: Ich sammle die Handys und Portemonnaies der Teilnehmenden ein. Diesmal verschließe ich sie im Auto, das während der nächsten fünf Tage am Bautzener Bahnhof stehen bleibt. Dann geht es los.

Kaum sind wir aus Bautzen raus, wird es schwierig, den richtigen Weg zu finden. Offenbar gelingt uns das nicht immer, und irgendwann stapfen wir durch ein frisch gepflügtes Feld, was mit dem schweren Gepäck auf dem Rücken sehr anstrengend ist.

In Großdubrau, dem Ziel unserer heutigen Etappe, warten die nächsten Schwierigkeiten. Auf der Suche nach Arbeit schwärmen wir in Kleingruppen aus und durchkämmen das Dorf hoch und runter – doch ohne Erfolg. Immerhin finden zwei Gruppen etwas zu essen.

Kurios ist die Begegnung mit einem älteren Ehepaar. Die Frau ist misstrauisch: „Seid ihr Islamisten?" Wir sind völlig überrumpelt. „Nein, wir sind Christen." Sie scheint etwas beruhigt und erklärt, dass sie selbst ebenfalls Christen seien. Nachdem wir den beiden unser Anliegen etwas genauer erklärt haben, dürfen wir in einer Ecke des Gartens das Nachtlager aufschlagen – aber bloß nicht alle! Wir einigen uns auf vier Personen. Das ist zwar nicht optimal, denn wir wären ja gern als ganze Gruppe über Nacht zusammen geblieben, aber man kann es sich eben nicht immer raussuchen.

Wir richten uns also ein und bekommen auch noch ein paar tiefgefrorene Brotreste. Doch nach einer Weile kommt der Mann noch einmal zu uns hinaus und erklärt zerknirscht: „Ich habe leider eine schlechte Nachricht für euch: Meine Frau möchte nicht, dass ihr hier schlaft. Es tut mir leid. Ich hätte gern mehr für euch getan." Hm. Wie passt das jetzt zu dem christlichen Selbstbild der Frau? Wir sind etwas ratlos. Wie auch immer, es bleibt uns jetzt nichts weiter übrig als unsere Sachen zu packen und zu gehen.

Kurz vor unserem Aufbruch kommt noch eine jüngere Frau zu uns heraus, die sich als die Tochter der beiden vorstellt. Sie will unsere Ausweise sehen. „Man hört ja so viel." „Stimmt", sage ich, „ist aber auch sicher viel Gerede dabei, oder?" „Ja, sicher", räumt sie ein. Während sie meinen Ausweis inspiziert, hake ich noch mal nach: „Oder haben Sie selber schon Erfahrungen damit gemacht?" „Nein, nein", sagt sie und händigt mir meinen Ausweis wieder aus. Sie hat nichts auszusetzen, doch ihr Blick bleibt skeptisch.

Als wir dabei sind, das Gelände zu verlassen, kommt auch die Mutter noch mal raus und drückt uns etwas verlegen 20 Euro in die Hand. Es wirkt, als wolle sie sich freikaufen.

Die Episode ist natürlich Gesprächsthema unter den Jugendlichen. Sie sind irritiert. Sicher ist es eine ungewohnte Situation, wenn da auf einmal wildfremde Menschen im Garten sind. Man kann die Frau ja irgendwie verstehen. Und wer weiß denn schon, wie man selbst reagieren würde? Das frage ich mich oft, wenn ich den Leuten unser Anliegen erkläre.

Doch ich habe auch ein bisschen Mitleid mit der Frau. Sie wirkte verkrampft. Alles, was nicht ins Bild passt, wird in einen Topf geworfen: Geflüchtete, Islamisten und eben auch wir, die unkonventionelle Freizeitgruppe. Alle stehen unter Verdacht. Ihr Mann war da entspannter. Er hatte längst mitgekriegt, dass wir weder Islamisten noch zwielichtige Gestalten sind, sondern Menschen, denen man trauen kann. Wie kompliziert muss das Leben sein, wenn man so von Angst und Sorge beherrscht wird wie seine Frau?!

Auch die anderen Gruppen waren nicht erfolgreich bei ihrer Quartiersuche. Sie haben ihr Lager inzwischen auf einer Lichtung im Wald aufgeschlagen. Als wir jetzt dazu stoßen, müssen wir alles genau erzählen. Ein ernüchternder Auftakt, doch die Ernüchterung weicht bald der Freude darüber, dass wir die Nacht zusammen verbringen können – ohne Komfort zwar, aber immerhin ist es trocken und mild. Und dank des mitgebrachten Notproviants müssen wir auch nicht ohne Essen in den Schlafsack. Die Mehrheit schläft unter den beiden Tarps, die wir zwischen den Bäumen aufgespannt haben, während eine Handvoll Mutiger unter freiem Himmel schläft. Eigentlich ist es ganz schön hier. Schöner auf jeden Fall als in einem Garten, in dem man nicht wirklich willkommen ist!

Dienstag, 19.7.2016

Von den 20 Euro, die wir am Abend bekommen haben, besorge ich das Frühstück: für jeden ein Doppelbrötchen, dazu Butter, Marmelade, Nutella und Kaffeepulver. Unser Survival-Experte Konrad kocht dazu noch Tee aus Brennnesseln und Spitzwegerich.

Nach dem Frühstück und einer Andacht von Konrad machen wir erst mal ein paar Spielchen, um einander besser kennen zu lernen. Wie immer bei einer Null-Euro-Tour kennt man ja höchstens zwei, drei andere in der Gruppe, die ansonsten aus ganz Sachsen bunt zusammengewürfelt ist.

Unter denen, die ich selbst schon kenne, ist Ali, ein 16jähriger, der im Jahr zuvor aus Afghanistan geflohen ist, um der Zwangsrekrutierung durch die Taliban zu entkommen. Ich habe ihn im Begegnungscafé Pirna kennen gelernt. Er fiel mir auf, weil er nach kurzer Zeit schon recht gut deutsch sprach. Kein Wunder, denn er nutzte jede Gelegenheit, um deutsch zu reden. Das brachte mich auf die Idee, ihn zur Null-Euro-Tour einzuladen, wo er ja jede Menge Gelegenheit haben würde, deutsch zu sprechen. Er sagte sofort dankbar zu. Wie mutig, in einem noch recht fremden Land, mit einer weitgehend unbekannten Gruppe, noch dazu nur Christen – alle bis auf ihn, Ali, der als Afghane natürlich im muslimischen Glauben erzogen wurde!

Jetzt also machen wir ein paar Kennenlern-Spiele, und am Ende kennen wir von allen wenigstens die Namen. Außerdem haben wir schon mal schön miteinander gelacht. Das hilft, wenn es jetzt darum geht, schwer bepackt die ca. 25 km zu unserem Tagesziel Boxberg in Angriff zu nehmen.

Auf dem Weg dorthin kommen wir durch keinerlei Siedlungen mehr. Wir haben also keine Gelegenheit zu arbeiten, was aber heute gar nicht unbedingt nötig ist, denn für das Abendessen wird wohl gesorgt sein.

Mittags kochen wir Tütensuppe aus dem Notproviant. Nach der Rast fällt es schwer, die schweren Rucksäcke wieder zu schultern und in die Gänge zu kommen. Die Mittagssonne brennt, es gibt kaum noch Schatten, das Wasser wird knapp, und der Weg zieht sich. Bei manchen melden sich jetzt Blasen, die immer schmerzhafter werden. Endlich erreichen wir den Bärwalder See. Doch damit sind wir noch lange nicht am Ziel, denn jetzt müssen wir noch zum Nordufer, und das sind noch einmal mindestens sechs Kilometer.

Erst nach 18.00 Uhr erreichen wir endlich unser Ziel. Doch die Strapazen sind sofort vergessen. Denn jetzt sind wir an einem herrlichen Strand und springen erst einmal ins Wasser. Anschließend wartet Waldemar „Waldi" Butler vom CVJM schon mit einem üppigen Picknick auf uns. Es gibt Melonen, Saft, frische Brötchen, jede Menge Aufstrich und Belag und eine riesige Schüssel Salat. Glücklich lassen wir uns die guten Sachen schmecken. Nach dem Essen gibt es eine Gesprächsrunde mit Waldi, der sehr an der Null-Euro-Tour interessiert ist. Er hat auch Gitarre und Liederbücher mitgebracht, so dass wir noch lange im warmen Sand sitzen und singen. Und dann wird wieder gespielt. Wir spielen verrückte Spiele wie „Hu-schu-fa!", „Kotzendes Känguru" und „Fuß-Twister".

Als wir spät abends zum Gemeindehaus in Boxberg kommen, wo wir die Nacht verbringen werden, geht das Spielen weiter. Gegen Mitternacht macht sich dann jedoch Müdigkeit bemerkbar – kein Wunder, nach den Strapazen des Tages. Wir schlüpfen in die Schlafsäcke, und während mir schon fast die Augen zufallen, bekennt mir einer von den Jungs noch, dass er heute kurz davor war aufzugeben. Aber jetzt ist er froh, dass er durchgehalten hat.

Mittwoch, 20.7.2016

Morgens kommt Waldi mit Frühstücksbrötchen und allem anderen, was zu einem richtigen Frühstück dazugehört. Dazu gehört nicht nur die Nahrung für den Leib, sondern auch die geistliche Nahrung. Dafür sorgt Alexander mit Tageslosung aus 5.Mose 16,16b+17: „Man soll aber nicht mit leeren Händen vor dem HERRN erscheinen, sondern ein jeder mit dem, was er zu geben vermag, nach dem Segen, den dir der HERR, dein Gott, gegeben hat." Alexander erklärt dazu: Wir haben als Null-Euro-Touristen Segen empfangen – Gastfreundschaft, gutes Essen, kostbare Zeit in Gottes schöner Schöpfung, gute Begegnungen und Gespräche, etc. – also können wir etwas weitergeben an die, denen wir begegnen: unsere Arbeitskraft, unsere Gedanken, unsere Gesellschaft, etc.

Das ist eine passende Einstimmung auf das, was uns heute erwartet, denn heute Vormittag steht ein großer Arbeitseinsatz auf dem Programm. Waldi hat Arbeit für drei Kleingruppen organisiert: Die erste Gruppe klebt Plakate für eine Veranstaltung auf Pappen und bereitet anschließend unser Mittagessen zu. Die zweite Gruppe geht Unkraut jäten bei einer älteren Frau aus Waldis Gemeinde. Die dritte Gruppe (zu der auch ich gehöre) geht zum Pflegeheim und begleitet die Rollstuhlfahrer des Heims zu einer Ausfahrt zum nahen Bärwalder See.

Als die neun Seniorinnen da so aufgereiht an der Uferpromenade in ihren Rollis sitzen und auf den spiegelglatten blauen See hinausschauen, ist das ein erhebender Augenblick. Für sie ist es eine Premiere: Zum ersten Mal, seit sie in dem Heim wohnen, sind sie am See. Die Pflegerinnen kommen sonst einfach nicht dazu. Jakob kommt dann noch auf die schöne Idee, der von ihm geschobenen Seniorin einen Wiesenblumenstrauß zu pflücken. Sie ist sichtlich gerührt, und ihr von Falten zerknittertes Gesicht wird von einem dankbaren Lächeln durchzogen.

Zurück im Pflegeheim werden weitere Heimbewohner ins Foyer geholt, und wir singen für alle „Großer Gott, wir loben dich".

Schwester Ines, die den Ausflug zum See angeführt hat, ist so begeistert, dass sie uns für den nächsten Tag zum Mittagessen in ihrem gut sieben km entfernten Dorf Reichwalde einlädt. Na, da ist das Mittagessen für morgen doch schon mal gesichert! Bis zum heutigen Mittagessen sind noch ca. zwei Stunden Zeit, und die nutzen wir, indem wir am Strand und auf dem Gelände einer Freiluftbühne Müll sammeln. Jugendliche, die freiwillig Müll aufsammeln – ein seltener, ein ermutigender Anblick! Wir gehen mit großem Eifer ans Werk, so dass anschließend in der ganzen Gegend kein Schnipsel mehr zu finden ist!

Dann wird im Boxberger Gemeindehaus das Mittagessen serviert. Es gibt Pizza und zum Nachtisch Plinsen (Eierkuchen) mit Eis – und schon wieder macht die Rede von der „Null-Euro-Schlemmertour" die Runde.

Der Nachmittag ist frei. Wir nutzen das herrliche Sommerwetter zum Baden und Spielen. Außer Volleyball und Fußball stehen auch wieder Jugendspiele wie das Reaktionsspiel „Fleisch" hoch im Kurs. Nach dem Picknick am Strand lesen wir in der Bibel und singen, begleitet von Waldis Gitarre. Die Aussicht, heute nicht mehr weiterziehen zu müssen, sondern eine zweite Nacht in dem komfortablen Boxberger Gemeindehaus bleiben zu können, sorgt für eine sorglose Ausgelassenheit. Dabei kommt es zu einem kleinen Unfall: Beim Toben im Wasser schlägt ein Mädchen schmerzhaft auf dem Rücken auf. Da sie aber schnell wieder steht, ist die Sache bald vergessen.

Erst in der Nacht kehren die Schmerzen zurück – und zwar so heftig, dass an Schlafen nicht mehr zu denken ist. Eine ganze Weile versucht sie tapfer, die Schmerzen auszuhalten, doch irgendwann geht das nicht mehr, und ihr Freund weckt mich auf. Da auch Schmerztabletten nicht weiterhelfen, beschließen wir, ins Krankenhaus zu fahren. Gott sei Dank sind wir gerade in Boxberg bei Waldi, und der überlässt mir dankenswerter Weise seinen Wagen. So fahren wir zum nächsten Krankenhaus nach Weißwasser. Und noch einmal „Gott sei Dank": Es ist nichts Ernstes. Eine Schmerzmittel-Injektion und eine Halskrause helfen, so dass wir anschließend sogar noch ein paar Stunden Schlaf finden.

Mittwoch, 20.7.2016

Nach anderthalb Tagen am Bärwalder See geht es heute weiter. Das Ziel ist klar: Reichwalde. Dort haben wir ja eine Verabredung mit Schwester Ines.

Auf dem Weg dorthin kommen wir an einem Schild vorbei, das die Durchfahrt verbietet und eine Schranke ankündigt. Als wir später an die Schranke kommen, schlägt sich Ali, der ja erst dabei ist, deutsch zu lernen, an den Kopf: „Ach, das ist gemeint! Ich habe die ganze Zeit auf einen *Schrank* gewartet!" Alle lachen.

Wunderbar, wie gut Ali sich in die Gruppe einfügt! Er ist eine große Bereicherung. Und wie sehr könnten solche Menschen auch unsere Gesellschaft bereichern – wenn man sie ließe! Stattdessen stempelt man sie als Islamisten ab!

In Reichwalde finden wir das Haus von Schwester Ines schnell. Die Arbeit, die sie für uns hat, ist eher symbolisch: Wir lesen Fallobst auf und rechen etwas Laub zusammen, gleichzeitig helfen einige bei der Zubereitung des Mittagessens. Es gibt Suppe und belegte Brötchen in der Gartenlaube. Beim Essen erzählt Schwester Ines davon, wie sie durch den Braunkohletagebau ihre Heimat verloren hat. Am Bärwalder See haben wir die dampfenden Kühltürme des Kraftwerkes Boxberg gesehen. Auch der See selbst ist ja ein Nebenprodukt des Kohleabbaus. Er ist eigentlich ein geflutetes Restloch des Tagebaus Bärwalde. Auf einmal sind wir mit den Nebenwirkungen unseres unersättlichen Hungers nach Energie konfrontiert. Schwester Ines hat zwar nicht allzu weit von ihrem weggebaggerten Heimatdorf ein schönes neues Heim gefunden; doch Heim ist nicht gleich Heimat. Ihre Heimat hat sie verloren. Das ist kein leichtes Los, das übrigens auch mit einem hohen biografischen Risiko verbunden ist. Wir sind dankbar, aber auch ein bisschen erschüttert, dass Schwester Ines uns einen Blick in die verwundete Seele einer heimatlos Gewordenen gewährt.

Bevor wir weiterziehen, gibt sie uns noch den Tipp, den Ladusch-Hof in Kreba-Neudorf anzusteuern. Die Bauersleute Ladusch seien bestimmt für unser Anliegen offen.

Als wir schon eine ganze Weile unterwegs sind, erklärt eine der Jüngeren unter Tränen: „Ich kann nicht mehr. Ich muss mich abholen lassen!" Sofort legen wir eine längere Pause ein. Ihr Gepäck verteilen wir auf diejenigen, die noch Reserven haben. Und schon sieht die Welt ganz anders aus. Von Aufgeben ist danach keine Rede mehr.

Auf dem Weg nach Kreba-Neudorf fragen wir – für den Fall, dass es auf dem Ladusch-Hof nicht klappt – noch hier und da nach Arbeit. Doch jedes Mal heißt es: „Bei mir geht da leider nichts. Aber versucht es doch mal auf dem Ladusch-Hof! Da habt ihr bestimmt Glück." Und jedes Mal steigen unsere Erwartungen ein Stück höher.

Auf dem Ladusch-Hof stellt sich heraus, dass Frau Ladusch gerade die Stube voller Senioren hat, die zum Kaffeekränzchen geladen sind. Der Zeitpunkt ist also suboptimal. Doch als wir Frau Ladusch davon erzählen, dass sie uns von mehreren Leuten empfohlen worden ist, sagt sie lachend: „Da kann ich ja gar nicht mehr nein sagen! Na, dann setzt euch erst mal. Ich komm dann zu euch, wenn die Gäste raus sind." Wir singen für den Seniorenkreis noch „Das Wandern ist des Müllers Lust", und dann lassen wir uns erleichtert auf den großzügigen Sitzgelegenheiten nieder.

Nachdem der Seniorenkreis verabschiedet ist, versorgt uns Frau Ladusch mit Werkzeugen zum Unkrautjäten und Eimern zum Äpfel Aufsammeln und verschwindet erst einmal wieder zu irgendeiner Sitzung. Wir gehen frisch ans Werk. Nach einer Weile taucht auch Herr Ladusch auf. Er hat weitere Arbeit für uns. Genau genommen kommen wir wie gerufen, denn die geernteten Ähren der Sorte Bergners Schlesische Wintergerste, eine Getreidesorte, mit der er gerade experimentiert, lassen sich nur manuell verarbeiten. Da es sich um einen ganzen Hänger voll Ähren handelt, wäre er allein wohl tagelang damit beschäftigt gewesen. Mit unserer Hilfe ist die Arbeit dann aber in wenigen Stunden erledigt. Dabei erfahren wir alles über die Vorzüge dieser alten heimischen Getreidesorte: Vor allem, dass sie nicht so hochgezüchtet ist wie die sonst übliche Wintergerste, dafür aber nahr- und schmackhafter – und damit ganz nach dem Geschmack der Laduschs.

Nach getaner Arbeit und dem köstlichen Abendessen mit Kräuterwasser, Schmalz und Honig aus eigener biologischer Produktion ist noch Zeit für Spiel und Spaß: Ringen, Vier gewinnt, im Heu toben, etc. Vor allem die Mädchen üben den choreografischen „Cup Song" – und bringen es dabei zu beeindruckender Perfektion.

Anschließend lassen wir den Abend am Lagerfeuer ausklingen. Es geht uns richtig gut – bis abends die Mücken in Scharen auf uns losgehen. Da liegen wir schon in unseren Schlafsäcken – doch den Mücken reicht das kleinste Luftloch, um uns fürchterlich zu piesacken. Ich halte es irgendwann nicht mehr aus probiere auf gut Glück, ob sich die Gartenlaube, unter dessen Vordach ich meinen Schlafsack ausgebreitet habe, öffnen lässt – und siehe da: Es geht! Eigentlich will ich mich ja nur auf den Fußboden legen, Hauptsache, ich kann die Tür schließen und die Mücken aussperren. Doch dann sehe ich dort eine Matratze liegen… die Versuchung ist einfach zu groß. Im nächsten Moment liege ich wunderbar weich auf der Matratze. Das schlechte Gewissen hindert mich nicht daran, zu schlafen zu wie ein Stein.

Freitag, 21.7.2016

Am nächsten Morgen sehe ich, wie die Matratze, auf der ich geschlafen habe, aus der Gartenlaube geholt und weggetragen wird! Es stellt sich heraus, dass sie entsorgt wird. Habe ich sie etwa so schmutzig hinterlassen? Doch nein: Nicht, weil ich darauf geschlafen habe, wird sie entsorgt – das hat zum Glück keiner mitgekriegt –, sondern weil sie angeblich durchgelegen ist (was mir in der Nacht völlig entgangen ist). Ich habe also auf einer Sperrmüll-Matratze geschlafen, die nur noch nicht weggeräumt war. Was für eine glückliche Fügung!

Nach dem Frühstück und einer Andacht von Jakob setzen wir das Unkrautjäten noch eine Weile fort, bevor wir zum Nachbarort

Mücka aufbrechen, wo wir die umständliche Heimreise mit Bus und Bahn antreten. Unterwegs verputzen wir noch unseren Notproviant: Knäckebrot, Studentenfutter und sogar einen Rest Ginger Ale gibt es noch irgendwoher.

Am Nachmittag kommen wir etwas k.o., aber glücklich in Bautzen an. Dort bekommen die Teilnehmenden ihre Portemonnaies und Handys sowie die 50 Euro Kaution zurück.

Lavinia, die in der Nähe von Bautzen wohnt, muss noch eine Weile auf den Bus warten. Sie versichert mir, dass wir schon heimfahren können. Da sie erst 13 ist, rufe ich später noch mal bei ihr zuhause an, um mich zu erkundigen, ob sie gut angekommen ist. Ich erwische ihre Mutter, die die Gelegenheit nutzt, um mir zu danken. Lavinia habe ihr gesagt: „Mama, in dieser Woche bin ich Gott näher gekommen." Kann es ein schöneres Fazit geben?

Drei Jahre später treffe ich Lavinia bei einer Jugendwoche in Bautzen wieder. Sie strahlt mich an, doch ich brauche eine Weile, bis ich sie erkenne – schließlich habe ich sie seitdem nicht mehr gesehen. Sie zeigt mir eine Ausgabe der „Sis", ein christliches Magazin für Mädchen im Teenie-Alter. Dort gibt es eine Rubrik, wo Leserinnen über ganz besondere Erlebnisse berichten. In der Ausgabe, die sie mir überlässt, ist ein kurzer Bericht von ihr über die Null-Euro-Tour abgedruckt. Darin schreibt sie:

„Am aufregendsten ... war die 0€-Tour. Anfangs war ich nicht sehr begeistert, denn das Konzept lautete: Keine Handys, kein Geld, keine Zelte, kein Programm und kein fester Zeitplan. Wir waren 20 Jugendliche, die mit mehreren Kilos Gepäck auf dem Rücken und ganz im Vertrauen auf Gott loszogen, um echte Abenteuer, Gemeinschaft und Wunder zu erleben. Schon der erste Tag hatte es in sich. Wir boten Menschen unsere Hilfe an, um im Gegenzug Essen, finanzielle Unterstützung oder einen Schlafplatz zu

bekommen. Doch wir stießen auf jede Menge Ablehnung. Ein älteres Ehepaar bezeichnete uns sogar als Islamisten. Doch nicht einmal fühlte ich Hoffnungslosigkeit oder Enttäuschung. Im Gegenteil – trotz aller Hindernisse war unsere Reise voll von Momenten der Freude und wundervollen Begegnungen. Ich habe erlebt, wie Gott uns versorgt und es uns trotz Hunger und Erschöpfung an nichts mangelte. Das war eine unglaubliche Erfahrung! Jetzt schätze ich im Alltag vieles, was für mich vorher selbstverständlich war, viel mehr."

Zwei weitere Rückmeldungen:

Annika schreibt: „Es war auf jeden Fall eine der schönsten, besten und wichtigsten Erfahrungen, die ich meinem Leben je gemacht habe und machen werde."

Und Ali, der Geflüchtete aus Afghanistan, meint: „Das war die beste Woche in meinem Leben."

Beide werden auch bei der Tour im nächsten Jahr wieder dabei sein. Annika lässt seitdem keine Null-Euro-Tour aus (es sei denn, sie ist gerade zu einem Austauschjahr in Australien). Und auch das Mädchen, das am vierten Tag erschöpft aufgeben wollte, ist 2018 wieder dabei. Da staunt sie dann selbst über die Entwicklung, die sie in den zwei Jahren seit 2016 gemacht hat. Und sie ist sich sicher: Die Null-Euro-Tour hat dazu beigetragen.

Auf Luthers Spuren
Lutherweg im Sächsischen Burgenland (2017)

2017 ist das Lutherjahr: Vor 500 Jahren veröffentlichte Martin Luther seine 95 Thesen. Was liegt da näher, als in diesem Jahr im Rahmen der Null-Euro-Tour Luthers Spuren zu folgen? Schließlich gibt es da ja jetzt auch den Luther-Weg. So lässt sich das Glaubens- und Abenteuer-Projekt Null-Euro-Tour gut mit dem Bildungsauftrag evangelischer Jugendarbeit verbinden. Auf diese Weise wird den vielen kirchlich-hochkulturellen Aktivitäten im Rahmen des Luther-Jubiläums eine Art Graswurzel-Aktion hinzugefügt, die mit Luthers Anliegen übrigens gar nicht so wenig zu tun hat. Denn die Null-Euro-Tour lebt vom Gottvertrauen; sie lässt sich sozusagen nur sola fide durchführen. Sie beruft sich dabei auf das Vorbild des Wanderpredigers Christus: solus Christus also. Und schließlich machen wir uns bei der Tour ganz von der gnädigen Freigebigkeit unserer Gastgeber abhängig; mit etwas gutem Willen könnte man hier von einer kreativen Umsetzung des sola gratia-Konzepts sprechen.

Gedacht, getan. Das Mitarbeiter-Team kann ich in diesem Jahr ganz aus den Reihen der letztjährigen Tour rekrutieren: Jakob war bereits im vorigen Jahr Mitarbeiter; hinzu kommen Theresia und Katharina, die im vorigen Jahr als Teilnehmerinnen dabei waren.

Die elf Teilnehmenden finden sich wieder aus ganz Sachsen zusammen. Einige waren bereits im vorigen Jahr dabei.

Montag, 30.7.2017

Am Mittag des ersten Tages treffen nach und nach die Teilnehmenden ein. Diesmal ist der Treffpunkt der Bahnhof Grimma. Der jüngste Teilnehmer ist 14, der älteste 19. Zehn Mädchen stehen nur sechs Jungs gegenüber. Interessant, dass sich wieder mehr Mädchen angemeldet haben als Jungs!

Wie immer nehmen wir uns gleich am Bahnhof noch Zeit für den Tower of Power. Nachdem wir uns aufeinander eingespielt haben, ist der Turm bald errichtet – und die erste Herausforderung gemeinsam gemeistert.

Unsere erste Station ist die nahe Klosterruine Nimbschen. Hier erfahren wir von der spektakulären Flucht Katharina von Boras und elf ihrer Mitschwestern, die nach der heimlichen Lektüre von Luthers Schriften mit dem Klosterleben nichts mehr anfangen konnten und das Zisterzienserinnen-Kloster Marienthron bei Nacht und Nebel auf einem Planwagen verließen. Eingefädelt hatte diesen Coup kein geringerer als Martin Luther selbst, und er war es ja dann auch, der Katharina später zur Frau nahm.

Es ist heiß, und bereits in Kleinbothen müssen die ersten Wasserflaschen nachgefüllt werden. Da passt es ganz gut, dass Theresia in Kleinbothen zuhause ist. Da kommt das Wasser aus dem Hahn. Und Theresias Mutter schenkt uns gleich noch ein paar Gurken und spendiert uns im benachbarten Freibad ein Eis! Eis – davon hatten wir gar nicht zu träumen gewagt!

Wir laufen weiter nach Kössern. Als wir im dortigen Rittergut nach unverkauftem Kuchen fragen – es ist inzwischen später Nachmittag, und die Kaffeezeit ist vorbei –, haben wir Glück: Wir werden eingeladen, im schönen Garten des Ritterguts Platz zu nehmen. Mitarbeiterin Heide fährt extra mit dem Fahrrad nach Hause und holt einen Becher Lauch-Käse-Suppe und einen Laib Brot. Und die Chefin serviert verschiedene Salate- und Kuchenreste. Der absolute Hit ist ihr Schokokuchen mit Salz, nach eigenem Rezept. Dieses Geschmackserlebnis wird uns in Erinnerung bleiben – vor allem dann, wenn in den nächsten Tagen der Hunger quält. „Jetzt ein Stück Schokokuchen mit Salz, das wär's, oder?"

In Kössern finden wir jedoch weder Arbeit noch eine Möglichkeit zu übernachten. Auf der Karte sehen wir, dass es im nahen Thümmlitzwald eine Waldkapelle gibt. Da es schon langsam Abend wird, beschließen wir, die Waldkapelle anzusteuern, in der Hoffnung, dass wir dort in irgendeiner Weise Quartier finden.

Als wir den Ort nach langem Umherirren endlich finden, stellt sich heraus, dass von der Kapelle nur noch 10 cm Grundmauer übrig sind. Die Kapelle selbst fiel, wie das ganze Dorf, im 30jährigen Krieg der Pest zum Opfer. Das Dorf wurde aufgegeben und verfiel. Alles, was heute noch an seine Existenz erinnert, ist die Grundmauer der Kapelle.

Na gut, immerhin haben wir dort eine einigermaßen ebene Fläche, über der wir unsere Tarps aufspannen. Es ist alles recht einfach, aber es geht.

Wie war das eigentlich, als Martin Luther unterwegs war, z.B. als junger Mönch zu Fuß nach Rom? Vermutlich musste auch er des Öfteren mit einem einfachen, improvisierten Nachtlager vorlieb nehmen. Auch das gehört dazu, wenn man auf Luthers Spuren unterwegs ist.

Dienstag, 31.7.2017

Das Gewitter kommt um 3.00 Uhr morgens. Es bringt eine Menge Regen mit, der die nächsten zwei Stunden auf uns niederprasselt. Die Tarps sind hoffnungslos überfordert. Das Zeltdach ist für 15 Personen eigentlich zu klein. Vor allem die, die am Rand liegen, werden nass. Aber auch für die anderen ist an Schlafen nicht zu denken. Wir sind viel zu sehr damit beschäftigt, die vollgelaufene Plane nach oben zu drücken, damit das Wasser außen abläuft.

Am Morgen schälen wir uns verfroren aus den klammen Schlafsäcken. Manche haben ganz schön was abgekriegt. Unvergesslich bleibt das Bild, wie Ali seinen Schlafsack auswringt: Ein ganzer Schwall Wasser kommt da herausgeflossen!

Nach einem Frühstück aus dem Notproviant brechen wir auf und wandern Richtung Süden. Die feuchten Sachen werden in der Sonne bald trocken, sogar Alis Schlafsack. Von Maaschwitz an folgen wir der Freiberger Mulde bis nach Tragnitz. Wir finden die ganze Zeit keine Arbeit, und auch kaum zu essen; ein paar noch ziemlich grüne Äpfel an einem Straßenbaum sind alles, was wir zwischen die Zähne bekommen.

Doch in Tragnitz ist Theresias Oma beerdigt worden, wie ihr jetzt einfällt. Katja Schulze, die Pfarrerin, ist ihr als zugewandte Frau in Erinnerung geblieben. Wir finden ihre Telefonnummer und rufen sie an. Zwar ist sie gerade auf der Heimreise von der Hochzeit ihrer Nichte und hat noch ein paar Stunden Fahrt vor sich. Doch wir dürfen im Gemeindehaus Tragnitz übernachten, und sie verspricht, uns auch noch etwas zu essen vorbeizubringen. Wir sind sehr erleichtert, denn eine zweite Nacht ohne Dach über dem Kopf wäre schon heftig.

Jetzt haben wir erst einmal Zeit zum Baden in der Mulde. Danach sieht die Welt schon ganz anders aus. Für Katharina und Pauline war die vergangene Nacht jedoch zu strapaziös. Ihnen reicht es. Sie lassen sich von den Eltern, die zum Glück nicht weit entfernt wohnen, abholen.

Neun von uns gehen anschließend ins benachbarte Leisnig und fragen kurz vor Ladenschluss in einem Eiscafé und einer Bäckerei nach unverkauftem Brot und Kuchen – mit maximalem Erfolg: Wir ergattern drei Laibe Brot und jede Menge Brötchen! Wir stehen noch vor der Bäckerei und feiern unsere Ausbeute, da kommt die Verkäuferin noch einmal mit einem Stück Blechkuchen heraus. „Hier, das ist auch noch übrig. Wer will?" fragt sie und drückt es dem Nächststehenden in die Hand. Der freut sich natürlich – es ist ausgerechnet der Jüngste, der immer besonders hungrig ist. Doch bevor er hineinbeißen kann, greife ich ein: „Moment! Das wird natürlich geteilt!" Ein Stück Kuchen, geteilt durch neun, das reicht dann höchstens für den hohlen Zahn. Die Enttäuschung steht unserem Jüngsten ins Gesicht geschrieben. Doch da muss er jetzt durch.

Zurück in Tragnitz bekommen wir eine Kirchenführung von Herrn Neumann. Herr Neumann ist Mitglied des Kirchenvorstands und engagiert sich vor allem in Bau-Angelegenheiten. Und gebaut wurde in den vergangenen Jahren viel. Herr Neumann brennt für seine kleine Dorfkirche. Stolz erklärt er uns, was man da alles gemacht hat. Und dann zeigt er uns auch noch die Fledermäuse im Turm. Wir sind beeindruckt.

Abends kommt Pfarrerin Schulze mit Käse, Wurst, Melone und anderen Köstlichkeiten. Um nicht wieder abzusaufen, übernachten wir diese Nacht alle im Gemeindesaal. Gott sei Dank haben wir diese Möglichkeit, denn auch in dieser Nacht zieht ein Gewitter durch!

Mittwoch, den 1.8.2017

Heute steht vor allem Arbeiten auf dem Programm. Zuerst Unkraut jäten und Laub rechen rund um die Tragnitzer Kirche. Dann geht es weiter nach Leisnig. Dort erhalten wir in der schönen St.-Matthäi-Kirche eine engagierte Führung durch Pfarrerin Katja Schulze. Besonderes Augenmerk findet der Hochaltar aus dem 17. Jahrhundert. Katja Schulze zeigt uns, dass die römischen Soldaten, die Jesus gekreuzigt haben, aussehen wie die Soldaten im 30jährigen Krieg – wie *Christen*, in andern Worten! Für die damalige Zeit ist das ein ungewöhnliches Statement, das ein selbstkritisches Licht auf die innerchristlichen Streitigkeiten wirft, die so viel Leid über weite Teile Europas gebracht haben. (Wir selbst haben ja an der Waldkapelle noch die Spuren der Zerstörung gesehen.)

Auch das dunkle Kapitel des 30jährigen Krieges gehört zu den Nachwirkungen der Reformation, deren 500. Jubiläum wir in diesem Jahr begehen. Doch Leisnig steht natürlich noch für ein anderes Detail der Reformationsgeschichte: der Leisniger Kasten, eine Sozialkasse, die von den vier Ständen – Adel, Ratsherren, Bürger und Bauern – gemeinsam verwaltet wurde. Daher ist der Kasten auch mit vier unterschiedlichen Schlössern gesichert und konnte nur von Vertretern aller vier Stände gemeinsam geöffnet werden, wenn die sonntags zum Gottesdienst zusammenkamen. Was für eine Gewissenhaftigkeit, um die Gelder gerecht zu verteilen! Und was für eine Kooperation über Standesgrenzen hinweg! Eine Haltung, die gerade in einer auseinanderdriftenden Gesellschaft wie der unseren als Vorbild dienen könnte – und *sollte*, wie Katja Schulze meint!

Übrigens wurde der Leisniger Kasten auch deshalb eingerichtet, weil nach der Reformation plötzlich die Wirtschaftsbasis des nahen Klosters Buch weggebrochen war. Da aber nicht alle Mönche das Kloster verlassen wollten, mussten die verbleibenden Mönche aus Spendengeldern versorgt werden.

Der Leisniger Kasten hat aber noch einen ganz persönlichen Bezug zu dem Mann, auf dessen Spuren wir unterwegs sind: Martin Luther wirkte an der Ordnung mit, die die Einnahmen und Ausgaben der Sozialkasse regelte. Unter anderem schrieb er 1523 dazu ein Vorwort. Das wertvolle Original der „Leisniger Kastenordnung", die als ältestes evangelisches Sozialpapier gilt, befindet sich im Archiv der Leisniger Kirche. Das bekommen wir natürlich nicht zu sehen. Aber Katja Schulze zeigt uns einen Nachdruck und gerät bei ihrer Erläuterung geradezu ins Predigen.

Auf die Jugendlichen hinterlässt diese Begegnung großen Eindruck. Zum Beispiel Jakob: „Bis jetzt habe ich für alte Kirchen eigentlich nicht viel übrig gehabt. Ich hätte gesagt, wenn eine Kirche nicht von der Gemeinde aus eigener Kraft erhalten werden kann – weg damit! Als Museen brauchen wir die Kirchen nicht. Aber nach den beiden Kirchenführungen gestern in Tragwitz und heute in Leisnig merke ich, wie sich meine Haltung verändert. Für diese Kirchen opfern Menschen einen großen Teil ihrer Kraft. Da kann man die nicht einfach abreißen."

Als wir später rund um die Leisniger Kirche Unkraut jäten und Touristen uns fragen, ob sie einen Blick in die Kirche werfen können, ist es Jakob, der den Schlüssel besorgt und ihnen eine Einführung gibt.

Mittags gibt es in der Superintendentur Nudeln mit Tomatensoße und zum Nachtisch Eis. Anschließend setzen wir den Arbeitseinsatz fort. Die Jugendlichen gehen dabei wieder sehr gewissenhaft ans Werk, und am Ende ist nicht mehr das kleinste Unkräutlein zu finden. Das beeindruckt auch den Superintendenten Liebers, der gerade vorbeikommt. Er empfiehlt uns, als nächstes das nahe Kloster Buch anzusteuern – und kündigt uns telefonisch gleich mal beim Vorsitzenden des Fördervereins, Heiner Stephan, an: „Denen kannst du trauen. Die haben hier gerade in der schlimmsten Mittagshitze stundenlang geschuftet. Das ist was Seriöses."

Seine Empfehlung wird zu unserer Eintrittskarte. Und so gelangen wir an den Ort, an den im 16. Jahrhundert ein Teil des Geldes aus dem Leisniger Kasten floss. Herr Stephan führt uns stolz durch das schöne Kloster Buch, das sich durch den Einsatz des Fördervereins in gutem Zustand befindet. Er spendiert Brötchen, Knacker und einen Kasten Wasser. Auch einen Kasten Bier hat er mitgebracht – aber das kommt natürlich für unsere zum Teil minderjährige Gruppe nicht in Frage. Herr Stephan kann es gar nicht fassen, dass wir das Bier ablehnen.

Abends baden wir in der Mulde. Das Wasser ist klar und erfrischend. Auch der Biber fühlt sich hier wohl.

Die Nacht verbringen wir im Kapitelhaus des Klosters. Hier befand sich früher das Dormitorium, der Schlafsaal der Mönche.

Donnerstag, 2.8.2017

Zum Frühstück gibt es heute einen großen Topf Tee mit Kräutern aus dem klostereigenen Garten, außerdem Butter, Käse und Marmelade. Hinzu kommt noch ein Eimer frischer Milch von der Nachbarin Pohl, die wir am Abend zuvor kennen gelernt haben.

Dann kommt der Arbeitseinsatz. Wir stutzen eine Lavendelhecke, jäten Unkraut und sammeln Müll. Damit sind wir den Vormittag über beschäftigt.

Zum Mittag gibt es leckeres Kesselgulasch, die Vegetarier bekommen eine Gemüsesuppe.

Herr Stephan empfiehlt uns, als nächstes zum Töpelwinkel zu wandern und dort zum Natur- und Freizeitzentrum zu gehen. Frau Lau, die Leiterin, sei bestimmt offen für unser Anliegen. Wir folgen seinem Rat und machen den Abstecher in den Töpelwinkel, einen schmalen Landstrich, der von einer engen Zschopau-Kehre umflossen wird.

Unterwegs stellt sich langsam das ausgelassen-entspannte Feeling ein, das so typisch ist für die zweite Hälfte der Null-Euro-Tour. Jetzt wirft uns nichts mehr aus der Bahn. Wir haben bisher gut überlebt, da werden wir auch die letzten Tage noch überleben. Wir sind gelassen und erwartungsvoll.

Am Natur- und Freizeitzentrum angekommen heißt uns Frau Lau ohne zu zögern willkommen und führt uns in den kleinen Hintergarten, wo wir übernachten können. Dann muss sie gleich wieder fort, weil sie das Haus voll Tänzerinnen hat: Die „Tanzperlen des

Zschopautales" absolvieren hier ihr Trainingslager. Abends gibt es die Generalprobe ihres Tanzprogramms, und da diese im Freien stattfindet, dürfen wir zuschauen – und bekommen auf diese Weise sogar noch ein kulturelles Highlight geboten.

Da es später wieder anfängt zu regnen, dürfen wir sogar im Veranstaltungszelt der Tanzperlen übernachten, als die es nicht mehr brauchen. Nach dem Abendessen lesen wir gemeinsam die Seligpreisungen. Im Angewiesensein auf Gnade entdecken wir ein Thema, das uns mit Luther und der Reformation verbindet.

Freitag, 3.8.2017

Zum Frühstück gibt es Reste aus der Herbergsküche: Porridge, Soljanka, Brot, Landjäger und für jeden einen Müsliriegel. Danach geht's an die Arbeit. Wieder steht Unkrautjäten auf dem Programm. Einige scheinen so etwas noch nicht allzu oft gemacht zu haben. Gut, dass sich die Jugendlichen gegenseitig zeigen können, was Unkraut ist und was nicht!

Nach getaner Arbeit dürfen wir mit den Ruderbooten des Freizeitheims auf der Zschopau fahren. Für Ali ist es das erste Mal, dass er einfach so zum Vergnügen in einem Ruderboot sitzt. Anschließend springen wir noch in das kühle Nass der Zschopau.

Zu Mittag gibt es Gemüseeintopf. Frau Lau setzt sich noch ein bisschen zu uns und gibt uns einen Tipp, wo wir es heute mit der Quartiersuche versuchen können: In Diedenhain gibt es einige Höfe, die von jungen, alternativ angehauchten Menschen betrieben werden, die unter anderem ein abenteuerliches Hilfsprojekt für Afrika organisieren. Bestimmt sind wir da willkommen.

Dankbar für diesen Tipp steuern wir Diedenhain an. Und tatsächlich: Schon der zweite Hof, an dem wir vorbeikommen, ist offenbar einer von denen, die Frau Lau meinte. Es ist ein ehemaliger Bauernhof, der jetzt als Pension genutzt wird. Für den Inhaber kommen wir wie gerufen: Schon lange will er eigentlich dem Unkraut mal zu Leibe rücken, aber möglichst ohne Chemie-Keule. Nur ist er bisher nicht dazu gekommen, die Arbeit ist für ihn alleine einfach zu aufwendig. Und jetzt steht da plötzlich eine ganze Arbeitsbrigade vor der Tür! Er versorgt uns mit Werkzeug und los geht's. Später fällt ihm auch noch eine weitere Aufgabe ein: Eine Trockenmauer soll errichtet werden – genau die richtige Arbeit für die Jungs.

Beim Unkrautjäten stimmt jemand das Taizé-Lied „Laudate omnes gentes" an, und sofort stimmen andere mit ein. Weitere Lieder folgen, viele auch mehrstimmig. Wir sind im Flow.

Wie wir so bei der Arbeit sind, kommt ein Mann mit seiner Tochter auf den Hof gefahren. Er bewohnt eine Mietwohnung auf dem Hof und staunt nicht schlecht, den Hof voller Jugendlicher zu finden. Wir stellen uns vor – und da erscheint ein Lächeln auf seinem Gesicht: „Dann weiß ich ja jetzt, mit wem ich Oskars Geburt feiern kann! Wir kommen nämlich gerade aus dem Krankenhaus, meine Frau hat heute entbunden."

Als der Inhaber der Pension abends für uns am Grill steht, spendiert der frisch gebackene Vater einen Kasten Getränke. Er ist von unserem Projekt schwer beeindruckt und stellt Fragen. Er will wissen: „Was lernt man denn auf so einer Null-Euro-Tour?" Ich gebe die Frage an die Jugendlichen weiter. Ali, der Geflüchtete aus Afghanistan, der heute zum ersten Mal eine Trockenmauer gebaut hat, meint: „Ich habe etwas geschafft, was ich vorher nicht gedacht hätte. Das macht mich selbstbewusst." Tom, ein 14jähriger mit gesegnetem Appetit, findet: „Ich habe gemerkt, dass man teilen muss." Und Theresia sagt: „Dankbarkeit. Man lernt, dass es nicht selbstverständlich ist, ein Dach über dem Kopf und genug zu essen zu haben. Und deshalb wird man dankbar, wenn man es dann doch bekommt."

Dankbar sind wir am Ende alle: für die vielen Menschen mit offenen Herzen, für die herrliche Natur und das Baden in Mulde und Zschopau, für so manches Gespräch und jede Menge herzliches Lachen, dankbar natürlich auch für reichlich Arbeit und Essen. Und dankbar für Gott, der das alles so wunderbar für uns arrangiert hat.

Die Nacht verbringen wir unter den Tarps bzw. unter freiem Himmel. Es ist die erste Nacht, in der es trocken bleibt!

Samstag, 4.8.2017

Der letzte Tag ist Auslaufen. Da der Bahnhof Waldheim gerade mal eine halbe Stunde entfernt ist, jäten wir noch ein bisschen Unkraut und gehen dann ohne Hast die letzte Etappe an.

Unterwegs bekennt Nicole: „Als sich die beiden Mädels am zweiten Tag abholen lassen haben, war ich auch kurz davor aufzugeben. Doch ich habe gedacht: Einen Tag halte ich noch durch. Und da wurde es ja dann besser, also bin ich noch einen Tag geblieben, und noch einen... Und jetzt bin ich froh, dass ich bis zum Ende durchgehalten habe – und ein bisschen stolz bin ich auch."

Auf der Rückfahrt zum Ausgangspunkt in Grimma ist die Stimmung großartig, wie immer am letzten Tag. Wir lassen uns Studentenfutter und Müsliriegel schmecken, tauschen Kontaktdaten aus und genießen das Gefühl, eine echte Herausforderung gemeistert zu haben.

Eine Teilnehmerin schreibt im Rückblick: „Durch das Erinnern an diese Tour kann ich mir immer wieder bewusst machen, dass es sinnvoller ist, nicht aufzugeben, sondern auf Gottes Kraft zu vertrauen."

Wenn der Hotelier zum DJ wird
Sächsische Schweiz (2018)

Montag, 16.8.2018

Die Null-Euro-Tour 2018 steht für Frauenpower. Vier Männern – drei davon Mitarbeiter – stehen 14 Mädchen gegenüber!

Sie steht außerdem für eine im wahrsten Sinne „malerische" Wanderung: Wir folgen im Wesentlichen dem südlichen „Malerweg" durch den Naturpark Sächsische Schweiz.

Der Malerweg beginnt in Pirna. Vom Bahnhof aus geht es durch die schöne Altstadt. Schon auf diesem ersten Stück erbeuten wir bei Obst- und Gemüsehändlern etliche überreife Aprikosen und Bananen. Im Erlpeterbrunnen an der Marienkirche waschen wir die Aprikosen und lassen uns Obst und frisches Wasser schmecken. Das passt als Auftakt unserer „Null-Euro-Tour", denn die Brunnen-Inschrift verkündet:

> *„Der Erlenpeter bin ich genannt,*
> *armen Leuten wohl bekannt.*
> *Wer nicht Geld hat in seiner Tasche,*
> *der trinkt mit mir aus meiner Flasche."*

Schon kurz hinter dem Brunnen beginnt der Malerweg, seinem Namen alle Ehre zu machen. Ruth, die wie ich selbst aus Pirna kommt, erklärt uns unterwegs alles Wissenswertes zur Marienkirche, die mit ihrem gewaltigen Dach und dem etwas kurz geratenen Turm das Stadtbild dominiert, sowie zum Schloss, das majestätisch oben auf dem Sonnenstein thront. Auf dem Sonnenstein wurden im Dritten Reich auch Menschen mit Behinderungen vergast, und wir kommen durch den Wald, in dem man später die Asche der verbrannten Leichen gefunden hat. Bis heute künden Markierungen an den Bäumen von den grausigen Funden.

Hinter Obervogelgesang geht es nach Naundorf hinauf. Dort dürfen wir einen Apfelbaum plündern. Die Besitzerin hat auch gleich noch einen Tipp für uns: Wir sollen doch bei ihrem Nachbarn Ackermann[4] mal nach Quartier fragen, der sei für so verrückte Sachen vielleicht zu haben. Das tun wir. Herr Ackermann stimmt allerdings nicht gleich zu. Er hat auch keine Arbeit für uns. Wir sollen doch lieber mal bei der Familienferienstätte von der Caritas fragen. Die sei gleich um die Ecke, und da gebe es bestimmt immer was zu tun. Und falls nicht… na, dann sollen wir eben noch mal bei ihm klingeln.

Bei der Caritas klappt es leider nicht. Die Oberin erklärt uns, so spontan gehe so was nicht. Verständlich. Umso erstaunlicher, dass es dann bei manchen doch geht: Als wir zum zweiten Mal bei Herrn Ackermann klingeln, hat er sich in der Zwischenzeit offenbar mit dem Gedanken angefreundet und lässt uns jetzt in seinen schönen Garten ein. Da es trocken bleiben soll, reicht das ja auch völlig aus. Gut, wir dürfen auch WC und Küche benutzen, und die Feuerschale, wo Herr Ackermann ein Feuer für uns entfacht, über dem wir Würstchen grillen und Brot rösten. Auch der Nachbar spendet noch übrige Bratwürste von der Grillparty am Vorabend, und so werden wir ganz gut satt.

Später kommt noch ein weiterer Nachbar zu Herrn Ackermann. Plötzlich ruft er ganz überrascht aus: „Das ist doch der Johannes!" Da ich ihn nicht gleich einordnen kann, hilft er mir auf die Sprünge: „Wir waren doch 2016 zusammen bei den Christlichen Begegnungstagen in Budapest." Und da fällt der Groschen: Es ist Frank Seifert, der IT-Chef des sächsischen Landeskirchenamtes.

---

[4] Name geändert.

Auf der langen Zugfahrt nach Budapest hatten wir uns auch über die Null-Euro-Tour unterhalten.

Und jetzt macht die Null-Euro-Tour also Station bei ihm in Naundorf. Da staunt er nicht schlecht. Später bringt er uns noch einen Korb Äpfel vorbei. Und er hat auch Arbeit für uns: Wir helfen ihm beim Blumengießen im Garten seiner verreisten Nachbarn. Bei der Gelegenheit dürfen wir uns auch gleich noch ein paar Salatgurken pflücken. Und dann sagt er etwas Erstaunliches: „Toll, wie eure Anwesenheit die Leute dazu bringt, sich zu öffnen! Herrn Ackermann hätte ich das gar nicht zugetraut, dass er euch so bereitwillig aufnimmt. Und dass der andere Nachbar euch noch mit Würstchen beschenkt, ist geradezu unglaublich! Der schimpft sonst gerne mal auf Sozialschmarotzer und Ausländer – und jetzt unterstützt er euch, die ihr mit leeren Händen kommt! Das hätte ich nicht gedacht!" Sieht so aus, als wäre die Null-Euro-Tour dazu geeignet, gern gehegte Vorurteile ins Wanken zu bringen.

Als wir nach dem Gießen zurück in Herrn Ackermanns Garten kommen, sind auch Frau Ackermann und die 13jährige Tochter da. Wir erfahren, dass die ältere Tochter vor Jahren ein Freiwilliges Soziales Jahr bei der Evangelischen Jugend Pirna gemacht hat, was ihr offenbar damals gut gefallen hat. Spätestens jetzt haben wir bei den Ackermanns einen Stein im Brett. Die Tochter klinkt sich dann auch mit ein, als wir noch ein paar Kennenlernspiele machen. Wann hat man in Naundorf schon mal so viele (fast) Gleichaltrige im Garten?

Dienstag, 17.8.2018

Zum Frühstück spendiert Frau Ackermann unter anderem mehrere Gläser selbst gemachte Marmelade. Als wir uns für die Gastfreundschaft bedanken, sagt sie: „Unsere Tochter fährt demnächst auf eine Freizeit, die uns wegen großzügiger Förderung fast nichts kostet. Da sehe ich das jetzt als Möglichkeit, etwas weiterzugeben.

Wir werden beschenkt, und da ist es nur angemessen, wenn wir selbst auch großzügig sind."

Herr Ackermann gibt uns noch einen Tipp, wo wir es als nächstes versuchen können: im Elbefreizeitland in Königstein. Die Inhaberin sei „locker drauf" und vielleicht für unser Anliegen offen.

Anschließend nutzen wir den schönen Feuerplatz mit Elbeblick im Garten von Frank Seifert für die Morgenandacht. Dann geht es weiter Richtung Königstein. Dort teilen wir uns in Kleingruppen auf, um effektiver nach Essen und Arbeit zu suchen. Unterwegs zum Elbefreizeitland begegnen wir auf dem Radweg zwei Fahrradtouristen. Sie halten an und fragen, ob wir auch zu dieser „Null-Euro-Tour" gehören. Dann richten sie uns von einer anderen Kleingruppe aus, dass diese bereits im Elbefreizeitland eingetroffen sei. Wir kommen noch ein bisschen ins Gespräch. Die beiden wollen mehr über die Tour wissen. Und wie ich so erzähle, unterbricht mich der Mann: „Da sind Sie wohl der Jugendevangelist aus dem Landesjugendpfarramt – stimmt, jetzt erkenne ich Sie auch!" Während er die Sonnenbrille abnimmt, fährt er fort: „Und ich bin Pfarrer Nötzold." Auch ich erkenne ihn jetzt. Er war bis zu seinem Ruhestand Ausbildungsdezernent der Sächsischen Landeskirche. Vor vielen Jahren hatte ich während meines Vikariats mit ihm zu tun. Jetzt wünscht er uns für die weitere Tour alles Gute und verabschiedet sich herzlich. Und seine Frau drückt uns noch 20 Euro in die Hand! Sie hat offenbar gut zugehört.

Im Elbefreizeitland erkundigen wir uns nach der Chefin, die gerade beschäftigt ist. Diana Reynoso ist sympathisch und aufgeschlossen und zeigt uns, wo wir unser Lager aufschlagen können: auf einer Wiese am Rande des Zeltplatzes, direkt an der Elbe.

Besonders Mutige baden ein bisschen in der Elbe. Doch das ist nicht wirklich ein Vergnügen: Am Rand ist es flach und voll großer Steine; in der Mitte, wo es tief ist, ist die Strömung aber so stark, dass man sich kaum halten kann; und außerdem wirkt das Wasser auch nicht besonders sauber. Umso größer ist die Freude, als wir dann sogar noch Schlüssel zu den Duschen bekommen.

Zum Abendessen bekommen wir mehrere Platten mit Brot, Butter, Wurst und Käse. Es ist reichlich, so dass wir auch unsere Zeltnachbarin Sabrina zum Essen einladen können. Sabrina ist Fahrradtouristin aus Sachsen-Anhalt und ganz allein unterwegs. Daher nimmt sie die Einladung dankbar an und bleibt auch noch zur anschließenden Gesprächsrunde bei uns sitzen. Es geht um die Vögel unter dem Himmel und die Lilien auf dem Felde, die alle vom Vater im Himmel versorgt werden (Matthäus 6,19-34). Sabrina bezeichnet sich selbst als Atheistin, kann aber mit diesem Text durchaus etwas anfangen – und vor allem mit der Null-Euro-Tour, die sie geradezu begeistert.

Mittwoch, 18.8.2018

Das Frühstück ist ein Problem: Wir wollten die Sache nicht überstrapazieren und haben bei Frau Reynoso nicht noch ein Frühstück „bestellt". Sie hat es auch von sich aus nicht angeboten. Also müssen wir uns selbst kümmern. Wir haben auch noch Marmelade und Honig aus Naundorf. Außerdem haben wir noch die 20 Euro von Ehepaar Nötzold. Damit lässt sich schon etwas anfangen. Das Problem ist nur: Die nächste Bäckerei befindet sich im Zentrum von Königstein! Zu Fuß würde es über eine Stunde dauern, dort Brot zu kaufen.

Zum Glück haben wir Sabrina kennen gelernt. Ich bitte sie, für uns mit dem Fahrrad nach Königstein zu fahren und Brot zu kaufen. Sie lässt sich nicht lange bitten und fährt gleich los. Als sie mit vier Broten zurückkommt, sagt sie: „Ich habe mir überlegt, euch die Brote zu schenken. Dafür habt ihr mir eine Begegnung geschenkt, von der ich noch meinen Enkeln erzählen werde." Und so kommt es, dass wir die 20 Euro praktisch zum zweiten Mal geschenkt bekommen.

Dann beginnt der Arbeitseinsatz. Wie so oft, stehen Unkrautjäten und Müllsammeln auf dem Programm. Nach wenigen Stunden sind wir fertig. Wir haben ja aber noch ein Mittagessen in Aussicht, also hängen wir noch ein bisschen herum. Einige Jugendliche kommen mit einem Mann ins Gespräch, der auf dem Gelände des Elbefreizeitlandes Bogenschießen anbietet. Da er gerade nichts anderes zu tun hat, überlässt er uns die Bogen und leitet uns an. Auch einen Volleyball besorgt er uns, so dass wir hier plötzlich ein richtiges Freizeitprogramm haben.

Zu Mittag gibt es Nudeln mit Tomatensoße auf der Hochterrasse – genau das Richtige für hungrige Null-Euro-Touristen!

Danach ziehen wir weiter zum Kurort Gohrisch. Dort steuern wir den Zeltplatz an, wo wir jedoch keinen Erfolg haben. Dafür haben wir umso mehr Erfolg in der dortigen Bäckerei: Wir bekommen drei Brote geschenkt, dazu noch ein Stück Apfelkuchen, das wir gerecht durch 18 teilen.

Als wir am Brunnen von Gohrisch sitzen und beratschlagen, wie es weitergehen soll, kommt ein Tourist mit seinen zwei Enkeln vorbei. Wir kommen mit ihm ins Gespräch. Er nimmt zwar Anstoß an dem Martin-Luther-Portrait auf meinem T-Shirt – Luther ist aufgrund seiner Bauern- und Judenhetze für ihn ein rotes Tuch –, aber die Sache mit der Tour findet er gut. Und so kommt er auf dem Heimweg vom Bäcker noch mal bei uns vorbei und sagt: „Meinen Mantel kann ich nicht mit euch teilen, und Platz habe ich auch nicht für euch, aber was ich habe, ist Brot, frisch vom Bäcker. Ich selbst brauche mit meinen Enkeln nur zwei Brote, das dritte ist für euch." Wir sind völlig überrascht – umso mehr, als etwas später die beiden Jungen noch einmal auftauchen, um uns ein weiteres Brot zu schenken! Wir haben jetzt insgesamt fünf große Brote und können uns so richtig satt essen – und das heute bereits zum zweiten Mal!

In der Nähe des Brunnens klingeln wir bei Leuten, um dort unser Glück zu versuchen. Wir bekommen Wasser und dürfen die Toiletten benutzen, nur der Garten ist nicht groß genug, um uns alle aufzunehmen – sehr zum Bedauern der neugierigen Kinder, die sich schon etwas Abwechslung erhofft haben.

Später empfiehlt uns jemand das Hotel Albrechtshof. Da gebe es bestimmt Arbeit für uns. Das Hotel habe in den letzten Jahren den Besitzer gewechselt, und seitdem werde dort immer mal etwas gemacht. Also versuchen wir es.

Dass es dort Arbeit gibt, sehen wir auf den ersten Blick. Allein, es ist noch jede Menge Überzeugungsarbeit erforderlich. Die Frau ist misstrauisch: „Von so etwas habe ich noch nie gehört. Wirklich noch nie!" Nach einigem Hin und Her kommt ihr Mann dazu. Er scheint sich schon eher vorstellen zu können, dass es so etwas wie eine Null-Euro-Tour tatsächlich gibt. Der Rest ist Verhandlungssache zwischen den beiden. Am Ende hat sich offenbar der Mann durchgesetzt.

Er hat auch schon einen Idee für uns: Wir sollen den alten Tennisplatz freilegen, um dort dann auch gleich zu schlafen. Wir sind einverstanden, und so führt er uns durch dichtes Gestrüpp zu einem Ort im Wald, der nur noch durch den hohen Maschendrahtzaun als ehemaliger Tennisplatz zu erkennen ist. Ansonsten stehen die Bäume innerhalb der Umzäunung inzwischen fast genauso hoch wie außerhalb. Der Hotelier ist selbst überrascht und merkt erst jetzt, wie lange er nicht hier gewesen ist. Ohne Kettensäge geht hier gar nichts! Also wird ein rüstiger Rentner aus Tschechien herbeordert, der mit seiner Kettensäge den Bäumen zu Leibe rückt, während wir mit Gartenscheren, Bolzenschneiden und bloßen Händen den Rest erledigen. Wir kommen nur mühsam voran. Aber eins wird schnell klar: Hier können wir nicht schlafen! Der Boden ist so verwurzelt und uneben, dass man keine Prinzessin sein muss, um hier kein Auge zuzudrücken. Und so geht die Verhandlung in die nächste Runde. Wir fragen, ob wir nicht auch woanders schlafen können. Und siehe da: Der Tennisplatz ist nicht das einzige Überbleibsel ehemaliger Freizeitanlagen auf dem Gelände. Etwas tiefer im Wald gibt es da noch die Kegelbahn. Von der Kegelbahn selbst ist freilich nur noch die Hülle übrig. Aber immerhin: Der Estrich ist eben, und das Dach ist dicht. Nur müssen noch ein paar Kubikmeter Laub weggeräumt werden, die sich im Laufe der Jahre in der offenen Kegelbahn angesammelt haben. Dafür finden sich hinter dem Laub sogar noch ein paar Bänke, die wir sauberschrubben und draußen zu einer Sitzecke zusammenstellen.

Abends dürfen wir auf der Terrasse des Hotels Platz nehmen und Soljanka löffeln, serviert vom Hotelier höchstselbst in seiner zünftigen Kellnerkluft. Das fühlt sich gut an!

Dann führt er uns der durch sein Reich, das Hotel Albrechtshof. Das Hotel war zu DDR-Zeiten das Gästehaus des Ministerrats. Nach damaligen Maßstäben war die Ausstattung luxuriös. Das zeigt sich besonders im denkmalgeschützten Tanzsaal, dessen Fußboden aus bunt leuchtenden Kreisen besteht. Der Hotelier erzählt uns, dass Schostakovich hier im Gästehaus sein achtes Streichquartett komponiert hat. Schostakovich? Sagt den Jugendlichen erst mal nichts. Also spielt uns der Hotelier den berühmten zweiten Walzer von Schostakovich vor. Spontan fangen einige Mädchen an, dazu zu tanzen. Der Hotelier wird zum DJ – und ist ganz gerührt von so viel Begeisterung!

Als wir abends in der „Kegelbahn" liegen, geht es bei den Mädchen um gewisse Frauenthemen. Aus heimlichem Tuscheln wird bald Gequacker und Gekicher, immer wieder unterbrochen von lautem Lachen und Quieken. Irgendwann fragt eins von den Mädchen: „Wo ist eigentlich der Herr Bartels?" Ich sage: „Der schläft schon." Es folgt eine Schrecksekunde und dann lang anhaltendes Gelächter. Sollte tatsächlich schon jemand geschlafen haben, ist er spätestens jetzt wieder putzmunter.

Donnerstag, 19.8.2018

Nach dem Frühstück mit warmen Brötchen und Bohnenkaffee geht es wieder an die Arbeit. Der Tennisplatz ist noch lange nicht fertig freigelegt. Während die Kettensäge ihr Werk verrichtet, transportieren wir Schubkarren- und Armeweise Baumschnitt und Stämme ab. Bald wird deutlich, dass es hier noch Arbeit für viele Stunden gibt. Wie wäre es, wir blieben noch eine zweite Nacht hier? Dann hätten wir eine sichere Unterkunft mit Dach und Bewirtung auf der Terrasse. Der Hotelier ist interessiert und stellt bereits Bratwurst und Kartoffelsalat in Aussicht. Ein verlockendes Angebot. Doch die Teilnehmenden wollen sich nicht ins gemachte Nest setzen, sondern noch einmal ein neues Quartier finden. Sie brennen auf die Herausforderung. Dann sollen sie sie auch bekommen. Ich stimme zu, schlage aber vor, dass sie die Essens- und Quartiersuche diesmal ganz alleine in die Hand nehmen. Damit sind sie einverstanden.

Bereits nach einer halben Stunde sind drei Brote organisiert. Das geht ja schon gut los! Auf dem Papststein genießen wir die großartige Aussicht auf die Sächsische Schweiz – und unter anderem auf einen schönen Hof in Papstdorf. Madeleine sagt: „Da will ich heute übernachten." Und während ich an einer Bushaltestelle von Papstdorf auf die Rucksäcke aufpasse und mich in die Sonne lege, schwärmt der Rest aus.

Eine Stunde später steht fest: Die Sache mit dem Hof geht klar. Die Besitzer sind zwar selbst nicht da. Aber es gibt Urlauber, die das Haus hüten und nichts dagegen haben, wenn wir bei ihnen auf der Obstwiese schlafen. Sie schließen uns auch die Hintertür auf, damit wir die Toilette benutzen können. Was für ein Vertrauen!

Und dann gibt es noch den grandiosen Blick auf die Schrammsteine und den Falkenstein. Und die Aussicht auf frische Brötchen am Morgen. Besser hätten wir es nicht treffen können! Genau genommen ist dieses letzte Quartier das schönste der ganzen Tour. Gut, dass sich die Teilnehmenden nicht darauf eingelassen haben, in Gohrisch zu bleiben! Dass sie stattdessen die Herausforderung gesucht haben und dabei über sich hinausgewachsen sind!

Ein Teilnehmer meint später: „Die Null-Euro-Tour hat mir geholfen, mutig zu werden. Einfach so fremde Leute anquatschen, das hätte ich mich vorher nicht getraut. Aber jetzt weiß ich, dass es geht."

Freitag, 20.8.2018

Der letzte Tag beschert uns einen herrlichen Sonnenaufgang über dem Falkenstein. Die letzte Etappe führt ab Krippen auf dem Mittelhangweg entlang der Elbe. Der Weg zieht sich ganz schön hin. Am Ende sind wir gerade noch rechtzeitig am Haltepunkt und wenig später in der S-Bahn Schmilka-Hirschmühle. Verrückt, wie schnell die Strecke, für die wir zu Fuß fünf Tage gebraucht haben, mit der S-Bahn zurückgelegt ist!

Das Fazit einer Teilnehmerin bringt auf Punkt, was wir alle empfinden: „Mir war noch nie so bewusst, was das heißt, wenn wir beten: ‚Unser tägliches Brot gib uns heute!' Nämlich jeden Tag das Brot für diesen Tag zu erbitten und darauf zu hoffen, dass wir es auch bekommen."

„Könnt ihr nicht einfach noch eine Woche bleiben?"
Zittauer Gebirge (2019)

Bei der Null-Euro-Tour 2019 spielt die Musik eine besondere Rolle. Außerdem steht die Tour für ungewöhnlich spontane Gastfreundschaft: Für manche Menschen scheint es Normalste von der Welt zu sein, Haus und Garten einer 18köpfigen Horde zu öffnen. Unfassbar!

Montag, 15.7.2019

Wie immer starten wir mittags am Bahnhof. Diesmal treffen wir uns in Zittau. Die Gruppe ist wieder bunt gemischt. Dazu gehören u.a. ein arbeitsloser junger Mann, der sich in einer Maßnahme für junge Menschen mit psychosozialen Problemen befindet; eine Utopistin, die von einer Gesellschaft ohne Geld träumt; eine Vietnamesin, die für ein FSJ in Deutschland ist; ihre ebenfalls vietnamesischstämmige Cousine, die schon ein paar Jahre in Berlin lebt, ein angehender Theologiestudent und ein Junge, der kurz zuvor zufällig auf Hitradio RTL von der Null-Euro-Tour gehört und sich daraufhin kurzentschlossen angemeldet hat.

Schon auf dem Marktplatz von Zittau erbeuten wir drei Stücke Kuchen und eine Tüte voll Äpfel. Während wir uns den Kuchen schmecken lassen, spricht uns ein Mann namens Martin an, der sich selbst als „Berufspilger" bezeichnet. Er scheint viel auf verschiedenen Pilgerpfaden unterwegs zu sein und erklärt, dass er mehr als 1000 Pfarrer persönlich kennt, u.a. auch „den besten Pfarrer von Thüringen". (Vermutlich handelt es sich genau genommen um den gastfreundlichsten Pfarrer.) Die Jugendlichen finden unsere Unterhaltung amüsant, und Martin freut sich, dass bei uns für ihn auch noch etwas zu essen abfällt.

Von Zittau geht es nach Süden. Am Dreiländereck machen wir Pause. Wir waten durch die Neiße nach Tschechien und springen über den Ullersbach nach Polen.

Jemand empfiehlt uns den Campingplatz am Kristyna-See in Tschechien. Doch das erweist sich als Niete: Nachdem wir wegen einer Polizei-Kontrolle lange an der Rezeption gewartet haben, heißt es lapidar: „The answer is no."

Wir ziehen weiter nach Hartau. Dort probieren wir unser Glück bei der Kinderfarm Birkenhof. Mitarbeiter Tim ist unserem Anliegen gegenüber sofort aufgeschlossen, da er selbst früher als Globetrotter durch die Welt getrampt ist. Er überlässt uns Essensreste von der tschechischen Kindergruppe, die gerade da ist: sechs Klöße, etwas Blumenkohl und vier Scheiben Schweinebraten. Das ist nicht gerade viel, doch später überrascht er uns noch mit drei Pizzen, die sich im Eisschrank gefunden haben.

Für das Frühstück am nächsten Tag sorgt Anke, die im Birkenhof Yoga-Kurse anbietet und von unserem Projekt gehört hat. Da sie selbst am Morgen nicht mehr da sein wird, fährt sie extra los, um alles, was wir brauchen, schon heute für uns zu besorgen.

Unser Arbeitsauftrag besteht darin, etwas mit den tschechischen Kindern zu unternehmen. Wir spielen mit ihnen Fußball und singen anschließend mit ihnen am Feuer, wofür Tim eine Gitarre, ein Didgeridoo und haufenweise Percussionsinstrumente anschleppt. Wir singen Lagerfeuer-Klassiker wie *Yesterday*, *Über den Wolken* und *Der kleine grüne Kaktus*. Leider können die Tschechen die deutschen Lieder nicht mitsingen. Aber dafür singen sie dann auch ein paar tschechische Lieder für uns.

Die Nacht verbringen wir am Rand des Fußballplatzes unter unseren Tarps. Es ist eine überraschend kalte Nacht. Manche frieren ganz schön, besonders ein Mädchen aus Vietnam, die gar keine Isomatte hat, wie ich erst morgens mitbekomme. Sie sei das Schlafen ohne Matte aus ihrer Heimat gewöhnt, sagt sie. Aber da ist es vermutlich auch wärmer.

Wie das wohl werden wird mit der Vietnamesin und ihrer Cousine? Im Vorfeld erschien es fraglich, ob es gelingen werde, die beiden zu integrieren. Ein Kollege, der sie ganz gut kennt, meinte, wahrscheinlich würden sie immer nur im Doppelpack auftreten und sich sonst eher isolieren. Schauen wir mal…

Dienstag, 16.7.2019

Nach dem Frühstück ziehen wir weiter nach Oybin. Dort gibt es schon wieder Pizza und Kuchen von einer Pizzeria, bei der die Jugendlichen nach Resten gefragt haben. Während wir die Köstlichkeiten genießen, kommen wir mit einem interessierten Touristen aus dem Havelland ins Gespräch. Als er später einige von uns in der Bergkirche Taizé-Lieder singen hört, ist er davon so bewegt, dass er mir 20 Euro in die Hand drückt. Er ist nicht der einzige, den unser Gesang berührt. Eine Tschechin kommt ganz begeistert und sagt: „Danke! Thank you! Poděkovat! Merci!"

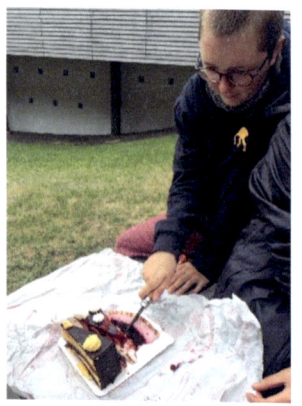 

Wir sind beeindruckt von so viel unverhofftem „Erfolg". Das bringt uns auf die Idee, auch draußen auf der Straße noch ein bisschen zu singen. Aus einem leeren Pizza-Karton bastelt Lydia einen kleinen Aufsteller mit der Aufschrift

Suchen Essen – Unterkunft – Geld
Bieten Musik & Arbeit
Experiment Null-Euro-Tour

Dann singen wir Taize-Lieder und Laudato si – und verdienen weiteres Kleingeld hinzu. Dumm nur, dass wir in Oybin keine Möglichkeit haben, das Geld auch auszugeben, denn der einzige Lebensmittelladen hat Ruhetag! Also ziehen wir weiter nach Jonsdorf. Dabei teilen wir uns: Eine Gruppe läuft entspannt unten um den Töpferberg herum, eine andere lässt sich die schöne Aussicht vom Töpfer nicht entgehen. In Jonsdorf treffen wir uns wieder.

Kurz hinter dem Ortseingang klingeln wir einfach mal an einem Hof mit großem Garten – und finden sofort Einlass! Der Besitzer, dem Namen auf dem Klingelschild nach ein Herr Richter, zögert nicht einen Moment! Es ist, als habe er auf uns gewartet! Unser Lager dürfen wir auf seiner großen Wiese aufschlagen. Dann dreht er uns noch das Wasser im Hof auf, schließt uns die Gäste-Toiletten im Keller auf und versorgt uns später mit Salz und Pfeffer, einem großen Topf und Spülmittel. Arbeit hat er für uns nicht, weshalb wir auch nicht um Essen bitten. Wir haben ja auch noch 26,50 Euro, die wir in Oybin „ersungen" haben. Damit laufen wir – Van Anh, Anh Thu, Leonore und ich – zum Edeka und kaufen dort ein. Van Anh und Anh Thu, die beiden Vietnamesinnen, sind inzwischen aufgetaut und haben in Leo eine Freundin gefunden, mit der sie jede Menge Spaß haben. So viel zu der Befürchtung, die beiden könnten sich nicht integrieren…

Wir kochen einen großen Topf Reis und Gemüse und werden davon auch einigermaßen satt.

Anschließend laufe ich zum Jonsdorfer Pfarrhaus, wo mein Kollege Christian Mai wohnt, mit dem ich vor vielen Jahren zusammen im Vikariatskurs war. Das Pfarrhaus ist jedoch leer, und so hinterlasse ich bloß eine Nachricht mit meiner Telefonnummer.

Der Höhepunkt des Tages ist dann der Sonnenuntergang, den wir von der nahen „Lindner-Aussicht" aus bestaunen.

Die Nacht ist nicht mehr ganz so kalt wie die letzte, aber immer noch recht frisch.

Mittwoch, 17.7.2019

Morgens ruft mein Kollege Christian an. Er hat meine Nachricht an seiner Tür gefunden und lädt mich zum Frühstück ein. Da die Jugendlichen noch in den Schlafsäcken liegen, nehme ich die Einladung an. Schön, den Kollegen nach etlichen Jahren wieder mal zu sehen! Und der Bohnenkaffee und das frische Brötchen schmecken natürlich auch. Das zweite Brötchen lasse ich mir einpacken, worauf er mir noch weitere zwei Brötchen und ein Glas Honig mitgibt. Perfekt, denn zusammen mit den Resten von gestern ergibt das jetzt genau ein halbes Brötchen für jeden – plus eine Schüssel Haferbrei aus unserem Einkauf. Das ist eine gute Grundlage für den Tag.

Fast noch wichtiger ist jedoch Christians Tipp, unser Glück als nächstes bei Barbara Herbig, der Pfarrerin von Olbersdorf, zu versuchen. Dort gebe es ein Gemeindehaus mit großem Garten, und die Pfarrerin sei bestimmt eine gute Gastgeberin.

Das ist sie auch! Auch sie braucht kaum Bedenkzeit. Sie überlässt uns nicht nur die Pfarrwiese samt erntereifem Kirschbaum, sondern auch das Gemeindehaus samt Kühlschrankinhalt – ausgenommen zweier Flaschen Sekt, „denn die gehören dem Chor". Arbeit findet sich auch: Unkraut jäten (das Übliche), dazu Rasen mähen und gießen.

Als wir fertig sind, meint Barbara Herbig: „Seit ich hier in Olbersdorf bin, war das Gelände noch nie so sauber!" Spontan gibt sie uns dafür noch 20 Euro.

Das Gemeindehaus verfügt nicht nur über jede Menge Platz, sondern – zu unserer Freude – auch über eine Tischtennisplatte, einen Billard-Tisch und einen Tisch-Kicker. Zum Abendessen gibt es Bratwurst, Linsen-Gemüseeintopf, selbst gebackenes Baguette und: Bier aus Ostritz. Irgendjemand hatte sich an der Aktion beteiligt, den Teilnehmern des Rechtsrock-Festivals „Schild und Schwert" das Bier wegzukaufen, und anschließend drei Kästen im Keller des Gemeindehauses gelagert. Jetzt ist eine gute Gelegenheit, den Vorrat mal ein bisschen abzubauen.

Anschließend spielen wir bis zur Dämmerung im Garten und danach im Gemeindehaus. Wir haben hier alles, was das Herz begehrt!

Für diejenigen, die in den letzten Nächten etwas gefröstelt haben, gibt es heute Nacht die Möglichkeit, auf Nummer sicher zu gehen und im Jugendraum zu übernachten. Die, die draußen schlafen, frieren aber genauso wenig, denn die Nacht ist trocken und mild.

Donnerstag, 18.7.2019

Im Olbersdorfer Pfarrgarten lassen wir uns das Frühstück mit ofenwarmen Brötchen und Haferbrei schmecken. Hinzu kommen

Mangos und Paprika, die „beim Spazierengehen gefunden" wurden. Klingt ganz so, als sei Lydia „containern" gewesen.

Da gerade die Reinigungskraft im Gemeindehaus ist, brauchen wir nicht einmal sauber machen und können gleich weiterziehen. Unser Ziel ist erst einmal der Olbersdorfer See. Dort haben wir endlich eine Gelegenheit zum Baden – die erste und letzte Gelegenheit auf dieser Tour. Wir machen ausgiebig davon Gebrauch. Anschließend gibt's eine „Emo-Runde" („Wie fühlt ihr euch?") und ein paar Gedanken zum Thema Dankbarkeit von Lydia. Die Dankbarkeit ist nach all den erfahrenen Wohltaten groß.

Weiter geht's nach Hörnitz, wo wir mit der Quartiersuche jedoch kein Glück haben. Dann fällt Lydia ein, dass sie im Nachbarort Mittelherwigsdorf jemanden kennt. Doch bis zu ihrem Bekannten kommen wir gar nicht, denn vorher schon klingeln wir einfach mal an einem hübschen Umgebindehaus, an dem wir vorbei kommen. Es ist das Haus von Doris. Sie ist gleich fasziniert und fragt zwar zunächst, wie viel Bedenkzeit sie denn hat, aber sie lässt uns auf jeden Fall schon mal in ihrem Garten verschnaufen. Und nach wenigen Minuten hat sie eine ganze Reihe von Ideen, was wir für sie erledigen können: ein Schrank, eine Bank, eine Sichtschutzwand und ein alter Nähmaschinentisch – alles muss gestrichen werden. Lacke, Farben und Pinsel hat sie in ausreichenden Mengen da. Offenbar hat sie geplant, die Arbeiten irgendwann selbst zu erledigen, nur ist sie nie dazu gekommen.

Mit den Arbeiten sind wir etliche Stunden beschäftigt. In der Zwischenzeit fährt sie einkaufen – und bringt erst mal ein Eis für jeden mit! Davon sind die Jugendlichen so begeistert, dass Doris auch selbst begeistert davon ist, wie man sich über ein Eis so freuen kann.

Anschließend fährt sie noch mal los, um zwei Zelte zu holen, die sie verliehen hat – damit wir es wärmer haben. Und dann bietet sie noch an, dass acht von uns im Haus übernachten können. Offenbar gibt es dort reichlich Platz und sogar einige Matratzen. Mir ist es fast schon peinlich, aber die Jugendlichen lassen sich das nicht zweimal sagen – und das, obwohl der Wetterbericht eine milde, trockene Sommernacht vorhersagt.

Zum Abendessen gibt es reichlich Nudeln mit Gemüsepasta, die unter der Leitung von Carl und Lydia in Doris' Küche entstanden ist. Es ist ein richtiges Fest!

Nach dem Essen sitzen wir noch lange bei Kerzenlicht, Melone, Knabberzeug, Saft und Wein auf der Terrasse und gelegentlich stimmt jemand ein Taizé-Lied an. Nach einem dieser Lieder sagt Doris fast sehnsüchtig: „Ach, könnt ihr nicht einfach noch eine Woche bleiben?"

Freitag, 19.7.2019

Von Mittelherwigsdorf ist es nicht mehr allzu weit bis Zittau. Daher brechen wir nicht gleich nach dem Frühstück auf, sondern erledigen erst noch ein paar Restarbeiten für unsere Gastgeberin.

Zurück am Bahnhof erhalten die Teilnehmenden ihre Handys und Portemonnaies zurück und dann heißt es Abschied nehmen. Es wird ein sehr herzlicher Abschied im einsetzenden Regen – dem ersten Regen auf der ganzen Tour! –, und mehrere erklären, dass sie bei der nächsten Null-Euro-Tour unbedingt wieder dabei sein wollen.

Nachwirkungen

Zu den Nachwirkungen der Null-Euro-Tour 2019 gehört ein Briefwechsel mit Doris, unserer Gastgeberin in Mittelherwigsdorf. Auf einen Adventsgruß, in dem ich sie auch zum Nachtreffen im Februar eingeladen habe, antwortet sie:

Lieber Johannes,

…Es berührt mich immer wieder tief und ich glaube, dass ich jetzt auch weiß, woher das kommt: was ihr tut, ist zutiefst menschlich! Und obwohl ich (leider) überhaupt keine religiöse Erziehung genossen habe, fühle ich mich immer mehr zum (vielleicht christlichen) Glauben hingezogen und endlich weiß ich auch, warum das so ist. Es entspricht mir so sehr…

Ich finde, dass durch Deine/Eure Arbeit die Menschen, mit denen Du/ihr zu tun habt, zu besseren Menschen werden. Es ist das Beste, was man bewirken kann! Vielen, vielen Dank dafür und danke, dass ich teilhaben durfte daran.

Und nach einem Null-Euro-Tour-Nachtreffen in Pirna schreibt Doris:

Lieber Johannes,

ganz lieben Dank für die schönen, interessanten Stunden, die Ihr uns bereitet habt… Ihr habt das so schön gemacht, es war Wohlfühlzeit und ich danke Euch von Herzen, dass ich dabei sein durfte! Orgelstube, Kirchanekdoten, gemeinsames Singen (☺), Bläsermusik – Einkehrzeit für mich und Frieden, Staunen, Ehrfurcht und große Dankbarkeit! Lieben, lieben Dank und von Herzen alles Gute für Euch!!!!

„Null-Euro-Tour light"
Von Meißen nach Dresden (2020)

2020 ist das Jahr, in dem das Corona-Virus kam. In diesem Jahr ist vieles anders. Auch die Null-Euro-Tour. Wer würde sich in diesen Zeiten schon auf 14 Jugendliche einlassen, die unangemeldet auf der Matte stehen und nach Arbeit, Essen und Unterkunft fragen?

Absagen – oder das Konzept ändern? Das war im Vorfeld also die Frage. Wir entschieden uns für die zweite Option. Denn was sonst hätten die Jugendlichen im Sommer machen sollen? Uns war klar: Wir wollen alles versuchen, die Null-Euro-Tour irgendwie durchzuziehen.

Es mussten also Hygienekonzepte geschrieben, Abstände eingehalten und vor allem Quartiere im Vorfeld organisiert werden.

An anderen Orten, wo die Null-Euro-Tour durchgeführt wird, ist dies der Normalfall. Doch in Sachsen hat sich ein anderes Format herausgebildet: die ‚Hardcore'-Variante, wenn man so will. Die Quartiere werden nicht im Vorfeld organisiert, sie werden spontan gesucht. Genau wie Essen, Trinken und auch die Arbeit. Das macht die besondere Herausforderung der sächsischen Variante aus – aber auch ihren besonderen Reiz.

Nun also ‚Null-Euro-Tour light', sozusagen. Obwohl: Leicht war zwar die Quartiersuche – nicht aber die Arbeit. Denn diesmal hatten die Gastgeber Gelegenheit, sich Aufgaben für uns auszudenken, die sich auch lohnen.

Montag, 10.8.2020

Treffpunkt ist der Bahnhof Meißen. Auf dem Weg dorthin ruft mich Pfarrer Philipp Frank, unser erster Gastgeber, an. Er ist sehr besorgt um uns, denn bei ihm in Niederau, einem Dorf nordöstlich von Meißen, hat der Himmel offenbar seine Schleusen geöffnet, und es ergießt sich ein wahrer Sturzregen über das Land. Philipp nimmt an, dass wir unsere Wanderung bereits begonnen haben – oder sogar schon abgebrochen, denn bei diesem Regen zu wandern erscheint ihm völlig ausgeschlossen. Doch ich kann ihn beruhigen: Wir haben noch etwa eine Stunde Schonfrist. Bis dahin hat sich das Wetter hoffentlich etwas beruhigt!

Wie sich herausstellt, haben wir sogar noch mehr Schonfrist, denn der Zug eines Mitarbeiters hat 45 Minuten Verspätung. Zeit, die die Teilnehmenden zu nutzen wissen. Jemand holt eine Frisbee heraus, und kurz darauf schwirrt die Scheibe durch den Meißner Bahnhof. Andere machen sich gleich miteinander bekannt. Schon nach wenigen Minuten entsteht auf einer Bank mit drei Mädchen ein Geschnatter, als würden sie sich schon seit Jahren kennen. Es sieht ganz danach aus, als wäre es diesmal eine besonders kontaktfreudige Gruppe – ein Eindruck, der sich bestätigen wird.

Das gilt auch für die Mitarbeitenden, diesmal ausschließlich Theologinnen und Theologen: Carl Ludwig ist Theologiestudent, Juliane Diplom-Theologin und Referentin für die Nachhaltigkeits-Initiative „Anders Wachsen" und Walter ist Pfarrer in Dresden-Löbtau. Auch er gehört zu „Anders Wachsen" und ist auf der Suche nach Ideen für nachhaltige Aktionen. Dabei ist er über die Null-Euro-Tour gestolpert. Jetzt will er sie kennen lernen, um später vielleicht selbst etwas Ähnliches anzubieten.

Eine weitere Besonderheit ist, dass diesmal ein Integrationskind dabei ist: Jessica[5]. Sie interessiert sich für alles, was mit Glaube, Kirche und Geschichte zu tun hat. Ein Mädchen mit geistigen Einschränkungen, aber eben auch mit großem Potenzial. In ihrer fröhlich-naiven Art bringt sie uns alle immer wieder zum Lachen – und lacht dann selbst gern mit.

Als wir vollzählig sind, setzen wir uns im Bahnhof zusammen, um uns einzustimmen – geistlich und natürlich auch hygienetechnisch. Schließlich müssen wir uns einigermaßen an unser Hygienekonzept halten. Zum Glück gilt die berühmte Abstandsregel – 1,5 Meter Abstand – nicht innerhalb unserer Gruppe. Wir gelten als „Isolationsgemeinschaft" und dürfen wie ein Familien- oder Klassenverband auf den Abstand verzichten. Alles andere wäre auch schwierig geworden.

---

[5] Name geändert.

Dann geht es los Richtung Niederau. Zwar regnet es noch, aber nur leicht. Damit können wir gut leben. Vor allem hat der Regen auch etwas Abkühlung gebracht, was uns nach der Hitze der letzten Tage sehr gelegen kommt.

Die Strecke nach Niederau ist mit acht km überschaubar, so dass wir schon nach zwei Stunden am Ziel sind. Philipp Frank empfängt uns mit Getränken und Schokoriegeln. Dann rüstet er uns mit Gartengeräten aus und zeigt uns, was zu tun ist: Wir sollen mit Motorsense, Heckenschere und Gartenscheren dem Wildwuchs im Pfarrgarten zu Leibe rücken. Nach knapp vier Stunden ist der Garten kaum wiederzuerkennen. Philipp feuert den Grill an, und bald darauf lassen wir uns Bratwurst, Grillkäse, gegrilltes Gemüse und vor allem von einem Kirchvorsteher selbst gebackenes Brot schmecken – köstlich! Anschließend lassen wir den Abend mit Liedern – begleitet von Tims Ukulele – und einer „Emo-Runde" ausklingen. Es geht allen sehr gut. Auch Philipp. Er sagt, wir seien wie gerufen gekommen, denn er hätte es alleine nie geschafft, den Wildwuchs im Pfarrgarten so zu bändigen, wie wir es jetzt gemeinsam hingekriegt hätten. Da hat er wohl recht.

Dienstag, 11.8.2020

Die Nacht haben wir im Pfarrgarten unter den Tarps verbracht. Nach dem leckeren Frühstück gehen wir zum geistlichen Start in den Tag in die Kirche. Philipp sagt etwas zu dem riesigen Wandgemälde des Künstlers Werner Juza. Der erste Eindruck ist allein aufgrund der Größe überwältigend, fast erschlagend. Wenn man sich auf das Gemälde einlässt, entdeckt man eine ganze Reihe interessanter Details, und am Ende sind wir wohl alle beeindruckt.

Nachdem Philipp uns den Reisesegen zugesprochen hat, machen wir uns auf den Weg nach Moritzburg. Das Thermometer klettert schnell auf Werte um die 30°C. Zum Glück führt der Weg großenteils durch schattigen Kiefernwald! Trotzdem hängen vor allem

Daniel und Michael[6] ab Mittag ganz schön durch und lassen sich immer wieder zurückfallen.

An der Evangelischen Hochschule Moritzburg werden wir von Friedemann Beyer, dem Ältesten der Diakonengemeinschaft, empfangen. Er erwartet uns mit selbst gebackenem Kuchen – und mit einer großen Aufgabe: Wir sollen das überwucherte Volleyballfeld der Hochschule wieder auf Vordermann bringen. Also nicht nur das Unkraut aus dem verdichteten Schotter hacken, sondern das Feld erst einmal neu abstecken. Der gelernte Zimmermann Friedemann zeigt uns, wie man überprüft, ob das abgesteckte Feld auch rechtwinklig ist. Und dann haben wir bis zum Abend gut zu tun. Es ist eine elende Schinderei, doch am Ende sind wir froh, dass wir nicht aufgegeben haben.

Wegen des angekündigten Perseiden-Regens verzichten wir in dieser Nacht auf die Tarps und legen uns unter freiem Himmel schlafen. Und tatsächlich sehen wir einige Sternschnuppen!

---

[6] Namen geändert.

Mittwoch, 12.8.2020

Nach dem Frühstück verbringen wir erst noch etwas Zeit mit Spielen wie „Äffchen Äffchen Elefant". Anschließend gehen wir in die schöne, moderne Kapelle, wo Walter die Morgenandacht hält.

Nach dem herzlichen Abschied von Friedemann, der für die geleistete Arbeit sehr dankbar ist, laufen wir zum Kollwitzhaus in der Stadt. Dort werden wir von der Museumsleiterin Sabine Hänisch empfangen. Sie schenkt uns nicht nur den Eintritt, sondern auch eine sehr lebendige Einführung in das Leben und Schaffen von Käthe Kollwitz, der bedeutendsten deutschen Grafikerin und Bildhauerin. Anschließend ist Gelegenheit zum individuellen Gang durch die Ausstellung. Besonders beeindruckt das Denkmal für den im ersten Weltkrieg gefallenen Sohn Peter Kollwitz; im Laufe der 18jährigen Arbeit hat es sich vom Denkmal für den gefallenen Helden zum Mahnmal gewandelt, das die Trauer der verwaisten Eltern in den Mittelpunkt stellt.

Vom Kollwitzhaus ist der Weg nicht mehr weit zum Hochseilgarten am Mittelteichbad. Jan Tappert, der Geschäftsführer, empfängt uns und gewinnt mit seiner lockeren, humorvollen Art die Herzen aller im Sturm. Erst recht, als er uns erklärt, was er mit uns vorhat: Wir sollen den Zaun des Hochseilgartens erneuern. Jan zeigt uns, wie es geht, versorgt uns mit Material und Werkzeug und widmet sich dann wieder den Besuchern des Kletterparks. Die Jugendlichen gehen mit Begeisterung ans Werk. Zunächst muss der alte Lattenzaun abgerissen werden – das ist natürlich ein Job für die Jungs. Dann werden Alu-Bodenhülsen mit dem Vorschlaghammer in den Boden getrieben. Besonders einige Mädchen entwickeln dabei wahre Bärenkräfte und großes Geschick. Dann werden Pfosten und große Bonanza-Zaunbohlen montiert und gestrichen, und fertig ist der Rancherzaun.

Da ist es dann allerdings schon halb neun. Die Zeit ist wie im Flug vergangen, und auch das Hungergefühl meldet sich erst, als wir jetzt vor der Frage stehen: gleich essen – oder erst noch ein bisschen klettern? Wenn wir klettern wollen, muss das noch vor dem Essen geschehen, denn danach wird es zum Klettern zu dunkel sein. Wir stimmen ab. Und obwohl wir heute – wie auch an den übrigen Tagen – kein Mittagessen hatten, entscheidet sich die große Mehrheit fürs Klettern. Klar, wenn man schon mal im Hochseilgarten ist, muss man das auch nutzen. Das Klettern im schwindenden Licht ist nicht ohne, doch gerade das macht es noch aufregender.

Erst 22.00 Uhr kommen wir dazu, uns den leckeren Speisen vom Grill zu widmen. Am Grill haben Daniel und Michael gestanden, die anfangs so wirkten, als müssten sie ihren Platz erst noch finden. Doch heute sind sie wie ausgewechselt. Beim Zaunabreißen waren sie kaum zu stoppen. Anschließend halfen sie Jessica und mir stundenlang, eine verstopfte Abflussrinne freizukratzen. Dabei erwies sich unser Integrationskind Jessica als Türöffner. In ihrer unbekümmert-naiven Art redete sie von ihren Schmetterlingsgefühlen. Und das war das Stichwort für Michael: Überraschend offen erzählte er davon, wie verliebt er selbst gerade ist. Als ich nachfragte, was er denn an seiner Freundin so mag, fand er schöne Worte: Sie sei so natürlich und frei. Was für ein Vertrauen, so etwas zu offenbaren! Und was für eine wertvolle Gelegenheit für die Jungs, mit anderen über dieses heikle Thema zu reden – und dabei wirklich ernst genommen zu werden!

Bei der späten „Emo-Runde" überraschen die Jungs erneut, vor allem Daniel.[7] In der gestrigen Abendrunde hatte er noch achselzuckend erklärt, dass er nichts zu sagen habe. Jetzt aber meldet er sich als erstes. Er muss zwar dann erst mal überlegen, was er eigentlich sagen will, und es dauert eine Weile, ehe er sich über eine Reihe von Nebensächlichkeiten an das herangetastet hat, was er auf dem Herzen hat. Doch dann findet er seine Worte doch noch: „Ich bin einfach glücklich, dass wir so eine gute Gemeinschaft sind. Und dass es uns hier so gut geht." Worte, die spürbar von ganz tief innen kommen – und die zu Herzen gehen.

Die Nacht verbringen einige im Luxus-Tipi mit Bretterboden und komfortablen Matratzen, die zur Einrichtung dazugehören, andere im Baumhaus, die meisten aber wegen der erneut zu erwartenden Perseiden unter freiem Himmel. Und tatsächlich sind wieder etliche Sternschnuppen zu sehen – zumindest für diejenigen, die nicht sofort in den wohlverdienten Schlaf fallen.

Donnerstag, 13.8.2020

Nach dem Frühstück mit frischen Brötchen gibt es eine interaktive Andacht mit Juliane. Im Laufe der Andacht entsteht zwischen uns

---

[7] Name geändert.

ein Wollfadengeflecht, das die vielfältigen Verknüpfungen zwischen allem, was lebt, anschaulich macht. Während wir mit unserem Wollfaden-Spinnennetz so dastehen, kommen schon die ersten Besucher des Hochseilgartens, und wir müssen uns beeilen, damit wir den Kletternden nicht im Weg bzw. unter den Drahtseilen stehen.

Mittags sind wir mit Kathleen Kuhfuß MdL (Bündnis 90/Die Grünen) verabredet. Sie hat sich in Sachsen dafür eingesetzt, dass in diesem Sommer trotz Corona Maßnahmen der Jugenderholung möglich sind. Jetzt ist sie im Rahmen einer Art Sommertour unterwegs, um sich mit Freizeitgruppen zu treffen, die davon profitieren. Das Treffen soll am Dippelsdorfer Teich südlich von Moritzburg stattfinden. Da sich Kathleen wegen eines Verkehrsstaus verspätet, haben wir überraschend eine halbe Stunde Pause. Einige nutzen die Gelegenheit, in das herrliche Wasser zu springen, die anderen singen ein bisschen.

Als Kathleen eintrifft, lässt sie sich von den Jugendlichen erzählen, wie sie die Null-Euro-Tour so erleben. Sie staunt wohl auch ein bisschen über die Leidenschaft, mit der die Jugendlichen bei der Sache sind. Natürlich ist das Treffen mit uns auch PR, aber es ist ihr schon deutlich anzumerken, dass ihr die Jugendlichen am Herzen liegen. Schließlich kommt sie ja selbst aus der Jugendarbeit. Es ist eine kurze, aber intensive Begegnung. Nach 45 Minuten müssen wir jedoch weiterziehen, damit wir in Radebeul noch zum Arbeiten kommen.

Inzwischen ist das Thermometer wieder deutlich über 30°C geklettert – ein weiterer Hitzetag! Zum Glück führt ein Großteil des Weges ab jetzt durch den schattigen Lößnitzgrund – genau das richtige Terrain für die Temperaturen heute! Die Radebeulerinnen Emma und Laureen führen uns sicher nach Radebeul – zum Teil auch über Schleichwege. Der „Lößnitzdackel", die Schmalspurbahn, schnauft gelegentlich vorbei – eine weitere Attraktion auf diesem Abschnitt.

Nachmittags erreichen wir die große Radebeuler Lutherkirche. Hausmeister Matthias erwartet uns mit Eis, Obst und kalten Getränken. Die Pause kommt genau zur richtigen Zeit, denn zwei Mädchen sind nach dem langen Weg, der zum Schluss wieder durch die pralle Sonne geführt hat, völlig erschöpft.

Anschließend führt uns Matthias durch das Gelände und zeigt uns, was zu tun ist. Dabei kommen wir auch am Zaun des Pfarrhauses vorbei, der sich gerade im Bau befindet. Der halb fertige Zaun springt denen, die gestern den Zaun des Hochseilgartens gebaut haben, ins Auge. Sie wollen am liebsten gleich den nächsten Zaun bauen. Das war zwar eigentlich so nicht vorgesehen, doch Matthias gibt grünes Licht, und so macht sich Walter mit zwei Mädchen ans Werk. Die anderen pflegen das große Gelände rings um die Kirche.

Währenddessen macht sich das Küchenteam um Carl Ludwig und Ellen an die Zubereitung des Abendessens. Sie bedauern es ein bisschen, dass sie in der fast nagelneuen und hervorragend ausgestatteten Küche nicht wirklich kreativ werden können, da jemand für uns schon Fertigessen – Piccolini und Teigtaschen – eingekauft hat. Offenbar hat man nicht damit gerechnet, dass die Null-Euro-Tour über ein eigenes Küchenteam verfügt. Doch vor allem für die Jungs sind die Piccolini genau das Richtige, und am Ende sind die riesigen Mengen, die man für uns bereitgestellt hat, tatsächlich mit großem Appetit verputzt.

Nach dem Essen machen wir Feuer in der Feuerschale, singen und spielen. Viel Spaß macht ein Spiel von Walter, bei dem es scheinbar darum geht, zu erschnüffeln, auf welchem von drei Stühlen jemand gesessen hat. Es dauert eine gefühlte Ewigkeit, bis wir verstehen, dass das ein abgekartetes Spiel ist!

Die Nacht verbringen wir im Pfarrgarten unter freiem Himmel. Als irgendwann ein paar Tropfen vom Himmel fallen, ziehen einige von uns ins Gemeindehaus um. Andere rutschen einfach unter den nächsten Baum und bleiben so ebenfalls trocken.

Freitag, 14.8.2020

Nach dem Frühstück im Pfarrgarten halten wir eine Morgenandacht in der Kirche. Beim Verlassen der Kirche bleibt Jessica noch kurz zurück, um ein stilles Gebet vor dem Altar zu sprechen. Es ist ein berührendes Bild: Dieses Mädchen, das voriges Jahr zum ersten Mal überhaupt eine Kirche betreten hat und das in seiner Familie schon aneckt, wenn sie vor dem Essen betet, steht dort ganz ins Gebet versunken vor dem Altar.

Pfarrer Heinze, der dem Projekt Null-Euro-Tour zunächst skeptisch gegenüberstand, als unsere Anfrage kam, spendet uns noch den Reisesegen – und bedankt sich bei der Gelegenheit ausdrücklich für die gute Arbeit, die wir geleistet haben.

Dann geht es an die Elbe, über die Autobahnbrücke auf die andere Elbseite und dort weiter auf dem Elberadweg nach Dresden-Cotta. Bevor wir die Elbe verlassen, machen wir mittags eine längere Pause am Ufer und springen vom Bootsanleger aus in das herrlich erfrischende Wasser.

Das letzte Teilstück nach Dresden-Löbtau ist aufgrund des lärmenden Stadtverkehrs etwas nervig, aber auch das gehört nun einmal dazu. Wir lassen uns die Laune nicht verderben, singen viel und finden auch noch einmal Zeit für gute Gespräche. So hat Carl Ludwig in der Morgenandacht ein Kapitel aus „Hallo Mister Gott, hier spricht Anna" vorgelesen, in dem die Frage aufgeworfen wurde, wie man ein Teil von Gott werden könne. Die Frage ist

Michael[8] offenbar nachgegangen, und jetzt stellt er sie mir. Die letzten Tage haben ihm gezeigt, dass der Glaube viel mehr sein kann als das bisschen Weltanschauung und Brauchtum, das er bisher damit verbunden hat.

Gegen 14.00 Uhr erreichen wir die Kirchgemeinde „Frieden und Hoffnung", unser Ziel. Hier verbringen wir erst einmal zwei Stunden im schönen Pfarrgarten, trinken Saft und essen Weihnachtsgebäck, das ein Gemeindeglied in der Adventszeit gespendet hat. Die lange Pause tut gut. Es wird gesungen, gespielt und herumgealbert.

Dann kommt Anne zu uns, die den „Kirchengarten", einen Bio-Gemüsegarten, betreut. Sie rüstet uns mit Werkzeug aus, um im Garten zu gießen, Unkraut zu jäten und vor allem zu ernten. Denn das Abendessen bereiten wir fast ausschließlich aus dem zu, was wir hier vorfinden. So findet das angebaute Gemüse eine passende Verwendung, und wir erleben, dass sich aus dem, was man selbst anbauen kann, eine wohlschmeckende Mahlzeit zaubern lässt. Es

---

[8] Name geändert.

gibt Ofenkartoffeln, Gemüsepfanne, Tomatensoße und Rote-Bete-Salat – lecker!

Der Abend vergeht mit Spielen, Rätseln und Tanzen. Bei der abschließenden Runde in der Kirche ist der Tenor: Wir sind alle etwas k.o., aber glücklich – und auch schon etwas traurig, dass die Tour morgen zu Ende ist.

Geschlafen wird in der Kirche, denn es hat am Abend kräftig gewittert, und weiterer Regen ist zu erwarten.

Samstag, 15.8.2020

Nach dem „Kirchenschlaf", der ja bekanntlich der gesündeste Schlaf ist, und dem Frühstück lesen wir den Text von den fünf Barmherzigkeiten (Matthäus 25,31-46), ein Thema, auf das wir durch das Wandbild in der Niederauer Kirche gestoßen sind. Als wir anschließend unsere Rüstzeit-Hymne „Laudato si" singen, fangen einige Mädchen spontan an zu tanzen. Andere folgen, bis am Ende fast alle auf den Beinen sind und tanzen, klatschen und singen. Heilige Begeisterung!

Unsere Arbeit heute ist überschaubar: Wir müssen nur noch aufräumen und Küche und Toiletten putzen.

Die letzten knapp vier Kilometer zum Hauptbahnhof vergehen wie im Flug. Es wird viel gequatscht und gesungen. Anni spielt fast ununterbrochen auf der Ukulele.

Kurz vor eins erreichen wir den Hauptbahnhof. Der Abschied ist herzlich – Corona hin oder her. Aber wir gelten ja ohnehin als „Isolationsgemeinschaft". Wie immer werden die zurückerhaltenen Handys gleich dazu genutzt, die Nummern auszutauschen.

In der S-Bahn nach Pirna sitze ich neben Jessica. Für sie war die Woche eine große Horizonterweiterung. Entschieden erklärt sie: „Das war echt die beste Woche meines Lebens!"

Fazit: Auch wenn die Null-Euro-Tour 2020 einen anderen Charakter hatte als sonst, war es doch eine echte Null-Euro-Tour – und eine großartige Erfahrung göttlichen Segens. Wir sind dankbar, dass das trotz Corona möglich war!

Nachwirkungen

Die Null-Euro-Tour 2020 hat Nachwirkungen: Nachdem wir im Hochseilgarten Moritzburg den Zaun erneuert haben, sprach der Geschäftsführer davon, dass es noch weitere, auch größere Aufgaben zu erledigen gäbe. Wenn wir wollten, könnten wir zum Beispiel den Zaun rings um das Tipi-Camp erneuern. Dafür bräuchte es allerdings einen längeren Aufenthalt. Und so ist genau dies jetzt geplant: ein einwöchiges Kletter- und Work-Camp im Hochseilgarten. Eine echte win-win-Situation!

Eine weitere Folge der Tour ist, dass Jessica jetzt am Konfirmandenunterricht teilnimmt. Als Kind einer Familie ohne kirchlichen Bezug war der Konfirmandenunterricht bisher kein Thema. Während der Tour hörte sie davon – und meldete sich prompt dazu an. Inzwischen ist auch mit ihren Eltern geklärt, dass sie sich am Ende der Konfirmandenzeit taufen lassen darf.

Sieben Boni der Null-Euro-Tour

Was 2015 für mich als Experiment begonnen hat, ist inzwischen zur Institution geworden. Seit 2015 findet die Null-Euro-Tour jedes Jahr statt. In dieser Regelmäßigkeit und auch durch die Aufmerksamkeit, die die Tour gelegentlich in den Medien[9] erfährt, ist sie zu einem Markenzeichen der evangelischen Jugendarbeit in Sachsen geworden.

Doch wofür genau steht die Null-Euro-Tour? Für mich sind es vor allem sieben Pluspunkte: Gottvertrauen, Beziehung, Abenteuer, Niedrigschwelligkeit, Ganzheitlichkeit, Nachhaltigkeit und Kommunikation des Evangeliums.

Gottvertrauen

Unter den Themen, die mit der Tour verbunden sind, ist das Thema Gottvertrauen für mich das wichtigste. Schon seit der ersten Tour ist mir klar: Die Tour lehrt Gottvertrauen. Ohne Gottvertrauen wäre es schlicht und einfach verrückt, sich ohne Geld und Quartierplanung auf den Weg zu machen. Denn ganz ehrlich: Wer hat schon einfach mal so Platz, Essen und Arbeit für bis zu 20 Jugendliche? Wer hat auch ganz spontan die Zeit, sich um eine so große Gruppe von Gästen zu kümmern? Es müssen ja Aufgaben verteilt werden, gegebenenfalls Werkzeuge ausgegeben werden, Schlafplatz zugewiesen werden und Lebensmittel besorgt werden. Und wenn die Arbeiten über simple Tätigkeiten wie Unkrautjäten

---

[9] Vgl. z.B. das Radio-Interview auf Radio Leipzig: https://www.radio-leipzig.de/beitrag/null-euro-tour-587664/, auf Hitradio RTL: https://www.hitradio-rtl.de/beitrag/null-euro-tour-587663/, auf Radio Erzgebirge https://www.radioerzgebirge.de/beitrag/null-euro-tour-startet-montag-592639/ und auf anderen Sendern (alle aufgerufen am 23.03.2021).

hinausgehen, müssen die Arbeiten auch noch beaufsichtigt werden. Und weiter: Wer hat so viel Vertrauen, wildfremden Jugendlichen sein Haus zu öffnen, und sei es auch nur für den nächtlichen Toilettengang?

Die Situation ist so ungewöhnlich, dass man nach menschlichem Ermessen wohl kaum damit rechnen kann, überall offene Türen zu finden. Und doch passiert genau das. Gut, nicht überall. In den vergangenen sieben Jahren mussten wir auch zwei Nächte einfach im Wald verbringen. Aber in den allermeisten Fällen sind wir auf offene Ohren und Türen getroffen. Die Grundbedürfnisse sind bisher immer gestillt worden. Und zu den Grundbedürfnissen zähle ich jetzt sogar das Bedürfnis, sich gelegentlich gründlich waschen zu können.

So manches Mal hatten wir das Gefühl, dass man regelrecht auf uns gewartet hat. Oder dass man jedenfalls innerlich auf unsere Invasion vorbereitet war. Zum Beispiel, als wir 2015 beschlossen, gleich beim ersten Hof, an dem wir vorbeikommen, wenn wir nach Stützengrün kommen, zu klingeln und unser Glück zu versuchen. Und dann kamen wir gar nicht dazu zu klingeln! Beim ersten Hof, an dem wir vorbeikamen, standen die Bewohner schon vor der Tür – und sofort kam die Frage, wer wir sind und ob wir etwas trinken wollen! Oder als wir in Mittelherwigsdorf ausgerechnet bei einer Frau klingelten, die in den letzten Jahren Malerarbeiten geplant und vorbereitet hatte, aber offenbar nie dazu gekommen war. Und dann stehen da plötzlich 18 Jugendliche vor der Tür – und in dem Moment ergibt es einen Sinn, dass sie all die Pinsel und Farbtöpfe in der Werkstatt hat.

Solche Erlebnisse fördern das Gottvertrauen. Zwar ist es dann doch fast jedes Mal wieder überraschend, wenn es sich ereignet. Und man wird auch trotz allem noch unruhig, wenn mal scheinbar gar nichts geht. Doch im Laufe der Jahre bin ich deutlich gelassener geworden. Die Frage, die ich mir zu Beginn einer Tour stelle, lautet nicht mehr: Was, wenn es nicht klappt? Sondern: Welche Überraschungen hält Gott dieses Mal für uns bereit?

Mit Gottvertrauen ist übrigens nicht nur das Vertrauen darauf gemeint, dass man versorgt wird. Das steht natürlich im Vordergrund. Doch darüber hinaus geht es um das Gottvertrauen im umfassenden Sinn. Bei der Null-Euro-Tour werden ja nicht nur die Grundbedürfnisse nach Nahrung und fließendem Wasser gestillt, sondern auch soziale und spirituelle Bedürfnisse. Es ist wohl kein Zufall, dass bei jeder Tour irgendjemand spontan Loblieder anstimmt und die anderen mit einstimmen. Dabei entsteht unwillkürlich der Eindruck, dass dieses Singen ganz von Innen kommt, als Ausdruck tief empfundener Dankbarkeit und gewachsenen Vertrauens.

Nach der Tour 2016 hat Lavinia den Gewinn an Gottvertrauen so auf den Punkt gebracht: „In dieser Woche bin ich Gott näher gekommen." Damit ist im Grunde genommen alles gesagt.

Beziehung

Glaube vermittelt sich in der Regel nicht senkrecht von oben, sondern durch Menschen, denen wir vertrauen. Und Vertrauen braucht Zeit. Um religiöses Vertrauen aufzubauen, braucht es „entweder die länger dauernde Einbindung in religiös motivierte Gruppen oder die Identifikation mit Personen, die als Vorbilder erfahren werden."[10]

---

[10] Franz-Xaver Kaufmann, Religion und Moderne, Tübingen 1989, S.226

Gott selbst ist aus diesem Grund Mensch geworden: um den Menschen den Zugang zu ihm zu ermöglichen! Er verließ die Sphäre der himmlischen Unnahbarkeit und begab sich in die Sphäre der irdischen Verletzlichkeit – und zwar radikal! Kaum eine Beziehung ist so direkt, so unmittelbar wie die zu einem Baby. Sicher kein Zufall, dass Gottes Sohn als Kind in der Krippe zu uns kommt!

Bei der Null-Euro-Tour wird der elementaren Bedeutung von Beziehung für die Glaubensvermittlung Rechnung getragen. Es gibt kaum ein anderes Veranstaltungsformat, bei dem so viel Zeit für persönliche Gespräche ist wie bei der Null-Euro-Tour. Wenn man stundenlang miteinander unterwegs ist, ergeben sich solche Gespräche ganz von selbst. Spätestens ab dem dritten Tag geht es dabei immer wieder auch um die ganz großen Themen des Lebens: Stress in der Beziehung oder in der Familie, Selbstwert und Selbstzweifel, Lebensträume und der Traum von einer besseren Welt, Glaube und Zweifel. Diese Themen brauchen in der Regel nicht bewusst abgerufen zu werden, sie ergeben sich einfach.

Übrigens beschränkt sich das Thema Beziehung nicht nur auf die Beziehungen innerhalb der Teilnehmendengruppe; intensive Beziehungen entstehen auch immer wieder zu den Gastgebenden. Da spricht uns eine Frau auf ihrer Suche nach Orientierung in Lebens- und Glaubensfragen an, weil sie spürt, dass wir dazu etwas sagen können; da redet sich ein verwaister Vater seinen Schmerz von der Seele; und ein frisch gebackener Vater teilt seine Freude über die Geburt seines Kindes mit uns.

Wenn wir mit potenziellen Gastgebern in Kontakt treten, kommen wir zum einen mit leeren Händen und sind von daher auf ihre Hilfe angewiesen; zum andern kommen wir aber auch mit vollen Händen: wir bringen jugendliche Frische mit, fröhliche Lieder, Interesse an den Gastgebern und, wenn nötig, ein offenes Ohr für ihre Sorgen. Ganz abgesehen natürlich von unserem Arbeitseinsatz. Solche Gäste sind gern gesehene Gäste.

Man kann natürlich fragen, wie nachhaltig die Beziehungsarbeit im Rahmen einer Null-Euro-Tour ist. Für die Mehrheit der Teilnehmenden bleibt die Tour eine einwöchige Episode, und die geknüpften Beziehungen sind nicht von Dauer. Das heißt aber nicht, dass die entstandenen Beziehungen ohne Langzeitwirkung bleiben. Sehr eindrücklich zeigt dies wiederum das Beispiel Lavinias: 2016 hat sie an der Tour teilgenommen. Danach habe ich jahrelang nichts von ihr gehört. Als wir uns 2019 bei einer Jugendwoche wieder über den Weg liefen, sprach sie davon, wie eindrücklich die gemachten Erfahrungen damals für sie waren, und dass sie immer noch davon zehre.

Davon abgesehen kommt es aber auch vor, dass die während der Tour geknüpften Beziehungen bewusst gepflegt werden. So hat es gelegentlich zweitägige Nachtreffen gegeben. Mehrfach habe ich die Möglichkeit der Weihnachtspost genutzt, um mich noch einmal bei Gastgeberinnen zu melden, die uns in jenem Jahr aufgenommen hatten. Das sind unerwartete Lebenszeichen, die sehr geschätzt werden.

Abenteuer

Ich kenne kein anderes Freizeitformat für Jugendliche, das so sehr für Abenteuer steht wie die Null-Euro-Tour. Im Gegensatz zu anderen Formaten wird bei der Tour die Spannung nicht künstlich erzeugt, etwa durch Geländespiele mit Challenge-Charakter wie „Mr. X" oder Geocaching; sondern sie ist von Anfang an real. Wird es gelingen, Essen zu besorgen und das Loch im Magen zu füllen? Wird es gelingen, ein Quartier zu finden, das Schutz vor

Kälte oder Nässe bietet? Wird es gelingen, mit den schweren Rucksäcken die nötigen Strecken zu bewältigen? Wird es gelingen, die Menschen von unseren ehrlichen und guten Absichten zu überzeugen und sie als Gastgeber zu gewinnen? Das alles sind tatsächlich offene Fragen! Und eins ist klar: Die Komfortzone wird hier auf jeden Fall verlassen!

Doch gerade das macht die Tour für viele so interessant. Die vielen Mutproben, die unter Jugendlichen so beliebt sind, zeigen, dass es geradezu ein Bedürfnis nach echten Herausforderungen gibt; und das gilt umso mehr, je sicherer und vorhersagbarer das Leben wird. Die Null-Euro-Tour ist insofern eine willkommene Unterbrechung des Alltags, in dem es ja kaum noch echte Abenteuer gibt. Das ist sicher auch einer der Gründe dafür, dass die Null-Euro-Tour weitgehend ohne Werbung auskommt und trotzdem meistens gut ausgebucht ist.

Natürlich kann es bei der Tour auch zu Erfahrungen des Scheiterns kommen. So haben 2017 nach einer verregneten Nacht zwei Mädchen aufgegeben und sich abholen lassen. Das gehört dazu und ist keine Schande. Dasselbe gilt für negative Reaktionen von potenziellen Gastgebern oder Arbeitgeberinnen. So sind wir in Lindenau recht unfreundlich des Geländes verwiesen worden, und in Großdubrau sahen wir uns unversehens mit einem Islamismus-Verdacht konfrontiert.

Das wusste schon Jesus: „Wenn ihr aber in eine Stadt kommt und sie euch nicht aufnehmen, so geht hinaus auf ihre Straßen und sprecht: Auch den Staub aus eurer Stadt, der sich an unsre Füße gehängt hat, schütteln wir ab auf euch." (Lukas 10,10-11a) Das ist ein weiser Rat, denn es ist ja offensichtlich, dass das Problem auf Seiten derjenigen liegt, die uns abweisen: Wenn sie unfreundlich werden, ist das eine ungemessene Reaktion, und es wäre völlig falsch, sich davon beeindrucken zu lassen oder dies gar persönlich zu nehmen. Nein, hier kann es nur darum gehen, solche Abweisung schulterzuckend zur Kenntnis zu nehmen – und dann weiterzuziehen und die Zurückweisung so schnell wie möglich zurückzulassen. Wenn man so will, kann man so das Loslassen regelrecht trainieren, und darin liegt ja eine wichtige Schlüsselkompetenz fürs Leben.

Die Null-Euro-Tour ist auch eine erstklassige Gelegenheit, die eigenen Grenzen zu verschieben. Wenn das gelingt, kommt es schon mal zu Rückmeldungen wie der von Nicole: „Ich war kurz davor, aufzugeben. Doch ich habe gedacht: Einen Tag halte ich noch durch. Und da wurde es ja dann besser, also bin ich noch einen Tag geblieben, und noch einen... Und jetzt bin ich froh, dass ich bis zum Ende durchgehalten habe – und ein bisschen stolz bin ich auch." Ein wichtiges Erfolgserlebnis, das vermutlich auch in Nicoles weiterem Leben Früchte tragen wird.

Niedrigschwelligkeit

Die Null-Euro-Tour ist in vieler Hinsicht niedrigschwellig. Die einzige nennenswerte Schwelle ist die Belastbarkeit, die natürlich gegeben sein muss. Das meint zunächst einmal die körperliche Belastbarkeit, doch auch eine gewisse Frustrationstoleranz ist natürlich von Vorteil. Wobei die Null-Euro-Tour auch eine gute Gelegenheit ist, Frustrationstoleranz erst zu lernen. Trotzdem: Besonders, wenn sich Jugendliche anmelden, die unter 15 sind, rede ich vorher mit den Eltern und frage sie, ob ihr Kind den zu erwartenden körperlichen und psychischen Strapazen einigermaßen gewachsen ist.

Doch ansonsten gibt es tatsächlich keine Schwellen. Ganz wichtig ist zum Beispiel, dass die Null-Euro-Tour nichts kostet, also jedenfalls für die Teilnehmenden. Die paar Euro, die am Ende der Tour für die Rückfahrt zum Ausgangspunkt anfallen, übernimmt die Landeskirche aus dem Topf für Freizeitförderung, der ohnehin zur Verfügung steht. (Es wäre ja auch komisch, wenn die *Null-Euro*-Tour dann doch etwas kostete.)

Dass die Tour tatsächlich kostenlos ist, ermöglicht auch finanzschwachen Jugendlichen die Teilnahme, die sich andere Freizeitangebote nicht leisten können. Oft sind dann auch solche Jugendliche dabei.

Dass sie im Vorfeld 50,- Euro Kaution überweisen, widerspricht diesem Prinzip übrigens nicht. Die Kaution dient einfach dazu, dass die Teilnehmenden nicht kurz vorher – zum Beispiel, wenn sie den Wetterbericht gehört haben, – einen Rückzieher machen und ihr Platz auf diese Weise ungenutzt bleibt. Die Kaution wird aber am letzten Tag zurückgezahlt, was für die Teilnehmenden den Vorteil hat, dass sie dann gleich Geld für die Heimreise haben. Finanzschwachen Teilnehmenden wird die Kaution übrigens erlassen.

Die Erfahrung zeigt, dass die Null-Euro-Tour auch von Personen mit leichten geistigen Behinderungen bewältigt werden kann. Es gibt jedenfalls kein geistig anspruchsvolles Programm, zum Beispiel längere Bibelarbeiten oder andere Bildungseinheiten. Das Wissen, das im Rahmen der Tour erworben wird, ist in erster Linie Erfahrungswissen. Das schließt natürlich anspruchsvolle Gespräche und Diskussionen zwischen einzelnen Teilnehmenden nicht aus. Bei den Gesprächen in der Gesamtgruppe aber bleibt niemand ausgeschlossen.

Die Null-Euro-Tour ist schließlich auch für Nicht-Christen und selbst für Angehörige anderer Religionen offen. Zwar gibt es spirituelle Impulse, doch die sind dezent. Der Tag beginnt mit einem kurzen geistlichen Start, zum Beispiel auf der Grundlage der Herrnhuter Losungen. Manchmal wird aus diesem Impuls eine Frage abgeleitet, die der Gruppe an diesem Tag mit auf den Weg gegeben wird. Im Laufe der Tour kommt es dann oft irgendwann zu einem ausführlicheren Gruppengespräch, bei dem es sinnvoll ist, mitgebrachte Bibeln aufzuschlagen. Abends wird schon mal ein Abendgebet gesprochen. Ansonsten werden vor allem Taizé-Lieder u.ä. gesungen. Doch gerade der Anstoß zum Singen kommt oft von den Teilnehmenden selbst: Jemand stimmt ein Lied an, und die anderen stimmen mit ein.

Die Erfahrung zeigt, dass auch muslimisch oder buddhistisch sozialisierte Teilnehmende kein Problem mit diesem dezenten christlichen Programm haben. Vielmehr sind sie in der Regel dankbar für die Gelegenheit, gelebtes Christsein hautnah zu erleben, und machen gerne mit.

Lernen in der Begegnung

Als Maßnahme der Evangelischen Jugendarbeit hat die Null-Euro-Tour einen Bildungsauftrag. Sie ist ein ausgesprochen ganzheitliches Bildungsprojekt. Hier steht nicht das theoretische Lernen im Vordergrund, sondern das „Lernen in der Begegnung"[11].

Das gilt zunächst für die Begegnung innerhalb der meistens recht heterogenen *Teilnehmergruppe*: So erfährt der arbeitslose junge

---

[11] Vgl. Johannes Lähnemann, Lernen in der Begegnung. Ein Leben auf dem Weg zur Interreligiosität, Göttingen 2017

Mann in der Begegnung mit dem Studenten eine geistige Horizonterweiterung; umgekehrt ist es für diesen herausfordernd, sein Interesse für die Theologie so erklären zu müssen, dass jener versteht, wovon er spricht. Oder die Utopistin, die von einer Gesellschaft ohne Besitz und Geld träumt, trifft auf die junge Frau aus Vietnam, die in der Hoffnung auf eine auch wirtschaftlich bessere Zukunft nach Deutschland gekommen ist: spannend, wie durch diese Begegnung eigene Maßstäbe und Ideale auf beiden Seiten hinterfragt werden. Dasselbe gilt für die Begegnung zwischen dem im Afghanistan aufgewachsenen Jugendlichen, der durch seine religiöse Sozialisation eine selbstverständliche Identität als Muslim erworben hat, und der im christlichen Glauben erzogenen jungen Frau, der ihr Glaube inzwischen fraglich geworden ist.

Doch auch die Begegnung der Teilnehmenden mit einer für sie ungewohnten *Situation* löst wichtige Lernprozesse aus: Die Konfrontation mit der ungewohnten Situation der Ressourcenknappheit öffnet den Jugendlichen die Augen dafür, dass sie sonst in einer Situation des Überflusses leben, was sie dann auch in Frage stellen lässt, wie selbstverständlich sie dies normalerweise nehmen: „Man lernt, dass es nicht selbstverständlich ist, ein Dach über dem Kopf und genug zu essen zu haben. Und deshalb wird man dankbar, wenn man es dann doch bekommt." (Theresia) Die Einsicht in die Notwendigkeit des Teilens folgt daraus fast schon automatisch: „Ich habe gemerkt, dass man teilen muss." (Tom) Die Konfrontation mit der herausfordernden Situation, ohne regelmäßige Mahlzeiten, ohne Absicherung und ständige Zerstreuung leben und dabei auch körperlich ungewohnte Belastungen bewältigen zu müssen, führt bei den Jugendlichen oft zu einer Verschiebung ihrer persönlichen Grenzen und im Endeffekt auch zu einer Steigerung des Selbstbewusstseins: „Ich habe etwas geschafft, was ich vorher nicht gedacht hätte. Das macht mich selbstbewusst." (Ali)

Schließlich kommt es auch in der Begegnung zwischen den Teilnehmenden und den *Menschen*, denen wir auf unserer Wanderschaft begegnen, immer wieder zu Lernprozessen. Ein Mann, der in der Nachbarschaft als mürrisch und hartherzig bekannt ist, beobachtet das fröhliche Treiben im Garten seines Nachbarn, springt über seinen Schatten und spendet die übrig gebliebenen Bratwürste vom Grillabend am Vortag. Offenbar gelingt es ihm, seine Einstellung gegenüber Hilfsbedürftigen zu korrigieren! Eine Frau, die sich in einer persönlichen Krise befindet, beobachtet, wie die Gruppe singt und betet, probiert das mit dem Beten selbst einmal aus und bekommt plötzlich neue Kraft – der erste Schritt zu einer umfassenden Lebenswende. Umgekehrt lässt sich ein Teilnehmer von der Leidenschaft beeindrucken, mit der zwei Gemeindeglieder ihre Kirchen präsentieren. Sein Fazit: „Nach den beiden Kirchenführungen gestern in Tragwitz und heute in Leisnig merke ich, wie sich meine Haltung verändert. Für diese Kirchen opfern Menschen einen großen Teil ihrer Kraft. Da kann man die nicht einfach abreißen." (Jakob)

Ich will jedoch nicht verschweigen, dass das Lernen in der Begegnung nicht von allen als adäquates Lernen erkannt wird. In einem Fall ist es zu einer enttäuschten Rückmeldung gekommen: Eine Teilnehmerin hat das gemeinsame Bibellesen und den Austausch darüber vermisst. Der Punkt ist, dass die Lernprozesse im Rahmen einer Null-Euro-Tour in der Regel anders aussehen als gewohnt. Das heißt aber nicht, dass das Lernen hier weniger effektiv wäre – im Gegenteil! Wer zum Beispiel nach einer einfachen, aber sättigenden Mahlzeit mit Lebensmitteln, die er von völlig fremden Menschen geschenkt bekommen hat, vom Gleichnis von den Vögeln unter dem Himmel und den Lilien auf dem Felde[12] hört, der

---

[12] Mt 6,26-29.

wird vermutlich ein tieferes Verständnis für dieses Bild entwickeln, als der, der diesen Erfahrungshintergrund nicht hat.

Für derartige Lernprozesse ist die biblische Botschaft nur *ein* Element; ebenso konstitutiv ist die pädagogische Situation.[13] Die Organisation des Lernprozesses liegt nun darin, beides miteinander zu vermitteln. Das mag nach den Maßstäben rein kognitiver Wissensvermittlung defizitär erscheinen, doch die größere Wirkung dürfte am Ende auf Seiten eines solchen ganzheitlichen Lernens liegen.

Nachhaltigkeit

Die Null-Euro-Tour verwirklicht, was unter dem Stichwort „Ethik des Genug" gefordert wird: „Die Bibel inspiriert uns zu einer ‚Ethik des Genug': Gott will, dass alle Menschen genug zum Leben haben. Um unserer Seele willen dürfen wir, die wir schon wohlhabend sind, uns nicht im Streben nach immer mehr Besitz und Vermögen aufreiben. Wir können miteinander teilen, anderen *genug* zukommen lassen und *es uns genug sein lassen.*"[14]

---

[13] In Anlehnung an die „homiletische Situation", vgl. Ernst Lange, Zur Theorie und Praxis der Predigtarbeit, in: R.Schloz (Hg.), Predigen als Beruf. Aufsätze zu Homiletik, Liturgie und Pfarramt, München 1982, S.22: „Unter homiletischer Situation soll diejenige spezifische Situation des Hörers, bzw. der Hörergruppe verstanden werden, durch die sich die Kirche, eingedenk ihres Auftrags zur Predigt, das heißt zu einem konkreten, dieser Situation entsprechenden Predigtakt herausgefordert sieht."
[14] Nikolaus Schneider, „Ethik des Genug" – Impulse aus der Ökumene und der kirchlichen Entwicklungsarbeit, https://www.ekd.de/2013_01_31_schneider_ethik_des_genug_tu_berlin.htm (aufgerufen am 23.03.2021).

Die Ethik des Genug ist gewissermaßen der Königsweg im Umgang mit den knappen Ressourcen unserer Erde. Keine der Strategien, der zerstörerischen Ausbeutung unseres Planeten zu begegnen, ohne uns in unserem Konsumverhalten einzuschränken, ist wirklich nachhaltig. Ohne Einübung in den Verzicht ist die Umwelt nicht zu retten.

Genau das geschieht bei der Null-Euro-Tour. Man schränkt sich probeweise ein und macht dabei die Erfahrung, dass das Leben dadurch keineswegs ärmer wird. Man überlebt auch gut ohne Geld, und was man an aufregenden Erfahrungen dazugewinnt, wenn man ohne Geld unterwegs ist, macht das Defizit an Komfort mehr als wett. Das ist eine entscheidende Erkenntnis, die im besten Fall auch im Alltag fruchtbar wird: Da erscheint das „Leben mit leichtem Gepäck" (Silbermond) als attraktive Alternative zur Überflussgesellschaft. Theresia bringt das nach der Tour 2018 so auf den Punkt: „Mir war noch nie so bewusst, was das heißt, wenn wir beten: ‚Unser tägliches Brot gib uns heute!' Nämlich jeden Tag das Brot für diesen Tag zu erbitten und darauf zu hoffen, dass wir es auch bekommen."

Erstaunlich ist übrigens, dass es nicht nur ohne Geld geht, sondern auch ohne Handy. Bei keiner der Touren gab es auch nur irgendein Anzeichen dafür, dass einer der Teilnehmenden sein Handy vermisst. Die Zeit wird wie selbstverständlich anders gefüllt: lange Gespräche, Singen, Spielen, Malen, Fotografieren, herumtoben, auf Bäume klettern, all die Dinge, die man als junger Mensch macht, wenn man nicht gerade durch das Handy abgelenkt ist.

Die Null-Euro-Tour ist nicht nur im ökologischen Sinne nachhaltig, sondern im umfassenden Sinne von Gerechtigkeit, Frieden und Bewahrung der Schöpfung:

Gerechtigkeit spielt jedes Mal eine Rolle, wenn knappes Essen geteilt werden muss. Für manchen Jugendlichen ergibt sich dabei durchaus ein Aha-Effekt: Auch ein Stück Kuchen kann man durch neun teilen. Es sind zwar kleine Teile, die dabei herauskommen, aber so haben alle etwas davon und nicht nur der, der den Kuchen gerade zufällig in die Hand gedrückt bekommt. Auch Solidarität ist ein Thema: Wenn einer nicht mehr kann, wird sein Gepäck auf die Rucksäcke derjenigen verteilt, die noch Kapazitäten haben. Das bringt am Ende die ganze Gruppe voran.

Frieden wird dann gefördert, wenn durch die Begegnungen mit den Gastgebenden Vorurteile abgebaut werden. So wurden im Laufe der Jahre Vorurteile gegenüber Hilfsbedürftigen abgebaut, die plötzlich nicht mehr als faule Schmarotzer erscheinen, sondern als hilfsbereite Jugendliche, die richtig zupacken können. Auch Vorurteile gegenüber Kirche und Glauben sind korrigiert worden. In jedem Fall geschieht sowohl in der Gruppe als auch in der Begegnung mit den Gastgebenden Verständigung über den Tellerrand hinweg.

Schließlich die *Bewahrung der Schöpfung*: Das wichtigste Thema in diesem Zusammenhang ist die bereits genannte Ethik des Genug. Darüber hinaus trägt aber auch das intensive Natur-Erleben zur Wertschätzung für die Schöpfung bei. Dass bei der Null-Euro-Tour die Natur geschützt wird, versteht sich von selbst. Entstehender Müll wird ordnungsgemäß entsorgt. Mehr noch: Neben dem Unkrautjäten gehört das Müllsammeln zu den häufigsten Dienstleistungen, die wir für unsere Gastgeber erbringen.

Da die Null-Euro-Tour das Anliegen der Nachhaltigkeit in ihren verschiedenen Aspekten verfolgt, gilt sie als Modellprojekt des

„Ökumenischen Weges", der sich in Rückgriff auf den „konziliaren Prozess" für Gerechtigkeit, Frieden und Bewahrung der Schöpfung einsetzt.[15]

Kommunikation des Evangeliums

Die Null-Euro-Tour ist ein Unternehmen, das in besonderer Weise geeignet ist, das Evangelium zu kommunizieren.[16] Das mindestens heimliche, oft auch ausgesprochene – Thema jeder Tour ist das Gottvertrauen. Man könnte auch sagen: der Glaube. *Glaube* ich, dass es möglich ist, ohne Geld und organisierte Quartiere zu überleben? *Traue* ich Gott *zu*, uns zu versorgen und die nötigen Herzen und Türen für uns zu öffnen? *Vertraue* ich dem wohlmeinenden, fürsorglichen Vater im Himmel?

Wenn es gut geht, tragen die Erfahrungen im Rahmen einer Null-Euro-Tour dazu bei, dass der Glaube wächst. So bringt Lavinia es auf den Punkt: „In dieser Woche bin ich Gott näher gekommen."[17]

---

[15] Vgl. https://www.oekumenischerweg.de/project/null_euro_tour/ (aufgerufen am 23.03.2021).

[16] Zur Kommunikation des Evangeliums vgl. Johannes Bartels, Lass uns reden! Kommunikation des Evangeliums von A bis Z, Norderstedt 2021.

[17] Diese Äußerung deutet an, dass Lavinia eine Konversion vollzogen hat: eine Umkehr hin zu einem Leben, in dem Gott eine zentrale(re) Rolle spielt. Nach der „Greifswalder Konversionstypologie" ist Bekehrung – oder, so ein anderes Wort dafür: „Lebenswende" – nur *eine* Form von Konversion. Zu einer umfassenden *Lebenswende* kann es kommen, wenn das Evangelium auf Konfessionslose (oder aus der Kirche Ausgetretene) trifft. Im besten Fall öffnen sie sich dann dem Glauben an Jesus Christus, lassen sich taufen und nehmen Anteil an der Gemeinschaft des Glaubens. Trifft das Evangelium dagegen auf Christen, so kann es ebenfalls zu Konversionserfahrungen kommen: Bei Kirchennahen, denen der Glaube viel bedeutet, sprechen die Greifswalder von „*Vergewisserung*"; handelt es sich um die sog. „treuen

Doch die Kommunikation des Evangeliums betrifft nicht nur die Teilnehmenden. Sie betrifft auch die, denen wir auf dem Weg begegnen. Als Jesus die Jünger aussendet, gibt er ihnen mit: „Wenn es das Haus wert ist, kehre euer Friede dort ein." (Matthäus 10,13a) Genau dies kann man auf der Null-Euro-Tour erleben: dass Friede einkehrt in die Häuser der Gastgebenden. Da findet ein Mann ein offenes Ohr, vor dem er sich seinen Kummer von der Seele reden kann (Herr Möckel). Da schöpft eine Frau wieder Mut: Mut für ihren Gemüsegarten und damit auch irgendwie für ihr Leben. (Frau Hanson) Da empfindet eine Frau in der Begegnung mit uns „Frieden, Staunen, Ehrfurcht und große Dankbarkeit" (Doris).

In all dem ereignet sich das, was die Bibel „Schalom" nennt: Heil, Wohlfahrt, Sicherheit und Frieden. Im besten Fall wird dabei deutlich, dass wir diesen Schalom nicht aus uns selbst heraus haben, sondern dass wir Träger von Gottes Schalom sind. Wo das geschieht, ist das ein Ausdruck des Evangeliums, also der Guten Nachricht Gottes für die Welt.

Wenn man so will, kann man hier also von „Mission" sprechen. Freilich kommt das Missionsverständnis der Null-Euro-Tour dem jüdischen Missionsverständnis näher als dem klassischen christlichen Missionsverständnis. Es gibt hier keinen Aufruf zur Bekehrung oder überhaupt eine Initiative zur „Rettung des Seelenheils" der Menschen. Vielmehr steht das zeugnishafte Leben im Vordergrund. Und dieses Zeugnis wird ja durchaus wahrgenommen, so dass Menschen aufmerksam werden und nachfragen; etwa, wenn die Zeltnachbarin fragt: „Wie kann man denn eigentlich so gut drauf sein wie ihr?" Das hat etwas mit Paul Claudels Prinzip zu

---

Kirchenfernen", die dem Glauben nur wenig Bedeutung beimessen, so sprechen sie von „*Entdeckung*", vgl. J.Zimmermann/A.-K. Schröder (Hg.), Wie finden Erwachsene zum Glauben?, Neukirchen-Vluyn 2010, S.30.

tun „Rede nur, wenn du gefragt wirst, aber lebe so, dass man dich fragt".

Fragen und Antworten zur Null-Euro-Tour – die wichtigsten Praxistipps

Wer eine Null-Euro-Tour plant, muss sich mit ganz konkreten Fragen beschäftigen. Einige dieser Fragen samt der entsprechenden Antworten seien hier zusammengestellt.

Wie groß ist der Bedarf an Mitarbeitern?

Es empfiehlt sich ein Mitarbeiterschlüssel von 1 : 3 bis 1 : 4. Bei 15 Teilnehmenden wären das 4-5 Mitarbeitende. So kann man die Gruppe gegebenenfalls in Kleingruppen zu vier oder fünf aufteilen, was die Suche nach Essen und Quartier erleichtert.

Wie groß ist der Zeitaufwand?

Der zeitliche Aufwand ist gering: Im Vorfeld reicht ein ca. zweistündiges Vorbereitungstreffen der Mitarbeitenden. Wenn die Teilnehmenden alle aus derselben Region kommen, ist auch ein Vorbereitungstreffen mit den Teilnehmenden sinnvoll, insbesondere um Wandererfahrene vorzubereiten und sich vielleicht schon einmal Wanderschuhe und Rucksäcke zeigen zu lassen.

Die Durchführung selbst dauert fünf bis sechs Tage. In der Hardcore-Variante mit Arbeitseinsätzen ist das aufgrund der intensiven Belastung völlig ausreichend. In der Light-Variante kann die Null-Euro-Tour freilich länger dauern.

Welche Kosten entstehen für das Projekt und wie wird es finanziert?

Bei einer 20köpfigen Gruppe bleiben die Gesamtkosten unterhalb von 300 Euro (für etwas Notproviant und den Bus (oder Zug) zurück zum Ausgangspunkt am letzten Tag; einmalig ist etwas Ausrüstung anzuschaffen, v.a. Tarps und Campingkocher).

Was ist organisatorisch und methodisch zu beachten?

Es hat sich bewährt, eine Kaution von 50 Euro zu erheben, die am letzten Tag zurückgezahlt wird. So wird verhindert, dass die Teilnehmenden kurz vor Beginn – zum Beispiel, nachdem sie den Wetterbericht gehört haben – einen Rückzieher machen. Ein weiterer Vorteil ist, dass sie so am letzten Tag gleich Bargeld für die Heimfahrt haben.

Geld und Handys der Teilnehmenden werden am ersten Tag eingesammelt und am Ausgangspunkt in einem Fahrzeug eingeschlossen (oder einer zurückbleibenden Vertrauensperson zur Verwahrung übergeben). Darüber sind die Teilnehmenden natürlich im Vorfeld zu informieren. Die Mitarbeitenden behalten ihre Handys, benutzen sie während der Tour aber ausschließlich zur Verständigung untereinander (für den Fall, dass man sich in Kleingruppen aufteilt).

Wie bei jeder Wanderung kommt es vor allem auf gute, eingelaufene Schuhe und einen leichten Rucksack (mit Inhalt max. 10 kg) an. Auf beides kann erfahrungsgemäß kaum deutlich genug hingewiesen werden. Auch Schlafsäcke und Isomatten erweisen sich manchmal als nicht ausreichend. Unter freiem Himmel kann es auch im Sommer kühle Nächte geben!

Erfahrungsgemäß melden sich immer auch Jugendliche an, die noch sehr jung sind. Eigentlich geht es erst ab 15 Jahren los. Bei jüngeren Interessierten sind am besten die Eltern zu fragen, ob sie ihren Kindern die Belastung zutrauen. Wenn ja, können sie mitgenommen werden; auch 13- oder 14jährige verfügen z.T. schon über die ausreichende Belastbarkeit. Die große Altersspanne – es geht bis 20 Jahre – ist in der Regel kein Problem!

Anhang

Die Anfänge der Null-Euro-Tour

Die Null-Euro-Tour geht – abgesehen von den biblischen Wurzeln im Jüngerkreis Jesu – auf Katrin Lindner zurück, die als Mitarbeiterin des Essener Weigle-Hauses 2006 die erste Tour unter diesem Namen durchgeführt hat. Ein Rückblick darauf findet sich in ihrem Kapitel für den Sammelband „Kirche Kreativ". Eine gekürzte Fassung wird hier mit freundlicher Genehmigung des SCM-Verlages wiedergegeben.

Null-Euro-Tour
Kostenlose Freizeit – unbezahlbare Erfahrung

Ausgangssituation:
„Ich war früher nie auf einer Freizeit", erzählte mir ein Mitarbeiter. „Wir waren nie so arm, dass das Jugendamt gezahlt hätte, aber auch nicht so reich, dass wir uns eine Freizeit hätten leisten können. Und es wäre meinen Eltern unangenehm gewesen, einen kostenlosen Freizeitplatz anzunehmen." Damit war er kein Einzelfall.

Idee:
So konzipierten mein Mann und ich eine Freizeit, die für Teilnehmende nichts kostet.

Wir wollten nicht pilgern und nicht betteln, sondern Ressourcen nutzen und auf Gottes Hilfe vertrauen. An Lebensmitteln mangelt es in Deutschland nicht und unsere Kirche besitzt ein flächendeckendes Netzwerk an Gebäuden, die meist über Nacht leer stehen.

So planten wir eine Trekking-Tour, bei der wir jeweils nur eine Nacht in einer Gemeinde bleiben würden. Ein landschaftlich reizvolles und gut geeignetes Gebiet ließ sich schnell finden. (Es lohnt sich vorher Wetterdiagramme anzuschauen!) So entschieden wir uns für die „Toskana Deutschlands" - die Pfalz.

Auf einer Landkarte markierten wir alle Orte, die eine gute Zuganbindung hatten, als mögliche Start-und Endpunkte, und alle öffentlichen Freibäder, da viele Kirchengemeinden nicht über Duschen verfügen. Wir planten zwei Freibadbesuche pro Woche ein. Die Einstiegsetappe hielten wir mit 10 Kilometern gezielt kurz. Jede weitere Etappe planten wir mit 15 bis 25 Kilometer je nach Gelände. So ließen sich mögliche Startpunkte enger eingrenzen. In den jeweiligen Orten kontaktierten wir Kirchengemeinden und CVJMs, und baten um eine Übernachtungsmöglichkeit (nicht um Essen), um bei einer Zusage, nächste Orte auszuwählen, bis wir eine Route hatten, die mit einer guten Zuganbindung endete.

Da die Freizeit kein Geld kosten durfte, mussten die Fahrtkosten sich mit den Zuschüssen für Freizeiten decken – in unserem Fall 2,50 Euro pro Tag und Teilnehmende(n), abzüglich etwas Geld für Verbandszeug und Freibäder. Mit dem „Schönes-Wochenende-Ticket" – 5 Personen fahren für 39 Euro mit Regionalbahnen – war dies möglich.

So starteten wir im Sommer 2006 mit fünfzehn Jugendlichen und vier Mitarbeitenden auf eine abenteuerliche Tour. Ausgerüstet mit extrem wenig Gepäck, mit Wasserflaschen und ein paar Fischkonserven und Nudeln, die die Wuppertaler Tafel für uns übrig hatte.

Erfahrungen:
Unser Konzept ging auf, es war eine unbezahlbare Erfahrung.

Die anfängliche Einstellung, dass Dosenfisch widerlich sei, änderte sich nach der ersten richtigen Wanderung. Und bereits einen

Tag später wurde die letzte Fischdose als wahre Delikatesse gehandelt. „Und was essen wir nun?"

Für Essen zu beten, ernsthafte Dankgebete, Bibelarbeiten zum Thema „Gottvertrauen" ohne dabei das Leid und die Realität dieser Welt zu ignorieren und die Erfahrung zu machen, dass Gott uns in jeder Beziehung versorgt hat, waren sehr beeindruckend.

So erzählten die Teilnehmenden nach unserer Rückkehr im Jugendgottesdienst voller Begeisterung, dass Luxus und Glück nicht im Verhältnis zueinander stehen müssen, und dass Gott, den sie vorher zum größten Teil noch nicht kannten, sich um sie gekümmert hat. „An einem Tag hatten wir nichts zum Frühstück und Katrin kaufte für 20 Euro ein. Als wir nach dem Essen aufbrechen wollten, sprach uns eine Putzfrau an, die von dem Einkauf nichts wusste. Sie gab uns einen 20-Euro-Schein. Gott hat uns genau die 20 Euro zurückgeschenkt."

An einem anderen Tag fiel uns auf, dass wir längere Zeit kein Obst oder Gemüse gegessen hatten, auf der folgenden Wanderetappe standen zig wilde Obstbäume am Wegrand.

An wieder einem anderen Abend saßen wir zusammen, holten unsere Vorräte heraus. Nur eine Packung Nudeln, die uns nicht weiter helfen würde, da unsere nächste Unterkunft eine Scheune ohne Herd war. Während wir uns fragend ansahen, hielt ein Auto, ein Bäcker, der von unserer Freizeit gehört hatte." Könnt ihr Altbackenes gebrauchen? Ich hätte es sonst weggetan." So stellte er uns einen Karton mit mehreren Broten und Teilchen hin. Bis zum Ende der Freizeit waren wir mit Brot versorgt.

An einem sehr heißen Tag und einer Wegetappe mit wenig Schatten, brach eine Teilnehmerin zusammen. Wir legten eine längere Pause ein. Alle stöhnten, weil es so heiß war. Wir überlegten, die

Tour abzubrechen. Da zog ein Gewitter auf. Alle dankten Gott und es ging weiter (der einzige Regen auf unserer Tour).

Dass Gott sich um uns kümmert, stand nach diesen Erlebnissen für die Teilnehmenden fest.

Katrin Linder in: Klaus Göttler/Martin Werth (Hg.), Kirche kreativ. Erprobte Ideen für eine gelingende Gemeindearbeit, SCM-Verlag Witten 2011, S. 145-147.

Akteure der Null-Euro-Tour

Die folgenden Einrichtungen und Akteure bieten die Null-Euro-Tour an:

Weigle-Haus Essen
https://weigle-haus.de/
- seit 2006

EJW (Ev. Jugendwerk Württemberg)
https://www.ejwue.de/
- seit mindestens 2013

Ev. Jugend Sachsen
https://evjusa.de/
- seit 2015

SchülerSMD
https://schuelerfreizeiten.smd.org/
- 2020 war die erste Null-Euro-Tour geplant, die jedoch aufgrund der Corona-Pandemie verschoben wurde.

Literatur

Linder, Katrin: Null-Euro-Tour. Kostenlose Freizeit – unbezahlbare Erfahrung, in: Klaus Göttler/Martin Werth (Hg.), Kirche kreativ. Erprobte Ideen für eine gelingende Gemeindearbeit, SCM-Verlag Witten 2011, S. 145-147.

Scott, Martin: 0-Euro-Tour. Das vergessene Abenteuer mitten in Deutschland für lau, in: Kehrberger, Michael und Jürgen (Hg.), Unterwegs Neues wagen. Freizeitkonzepte – ein Stück Himmel auf Erden für Jugendliche kreativ gestalten, buch+music-Verlag Stuttgart 2016, S.18-29

Bildnachweis

Die Fotos auf den Seiten 68, 69, 71 und 76 hat Magdalena Jahr aufgenommen.

Alle anderen Fotos hat Johannes Bartels aufgenommen.